卫生健康行业内部审计指引详解系列丛书

# 高值医用耗材专项审计指引详解

**2**

国家卫生健康委财务司 组织编写

苑 东 主编

中国财经出版传媒集团
中国财政经济出版社
·北京·

#### 图书在版编目（CIP）数据

高值医用耗材专项审计指引详解／国家卫生健康委财务司组织编写；苑东主编．－－北京：中国财政经济出版社，2024.5

（卫生健康行业内部审计指引详解系列丛书）

ISBN 978－7－5223－3033－4

Ⅰ．①高⋯ Ⅱ．①国⋯ ②苑⋯ Ⅲ．①医药卫生材料－内部审计－研究－中国 Ⅳ．①R197.322

中国国家版本馆 CIP 数据核字（2024）第 072460 号

责任编辑：孙丛丛　　　　　　责任印制：史大鹏
封面设计：卜建辰　　　　　　责任校对：胡永立

高值医用耗材专项审计指引详解

GAOZHI YIYONG HAOCAI ZHUANXIANG SHENJI ZHIYIN XIANGJIE

中国财政经济出版社 出版

URL：http：//www.cfeph.cn

E－mail：cfeph@cfeph.cn

（版权所有　翻印必究）

社址：北京市海淀区阜成路甲 28 号　邮政编码：100142

营销中心电话：010－88191522

天猫网店：中国财政经济出版社旗舰店

网址：https：//zgczjjcbs.tmall.com

北京中兴印刷有限公司印装　各地新华书店经销

成品尺寸：170mm×240mm　16 开　16.5 印张　244 000 字

2024 年 5 月第 1 版　2024 年 5 月北京第 1 次印刷

定价：50.00 元

ISBN 978－7－5223－3033－4

（图书出现印装问题，本社负责调换，电话：010－88190548）

本社图书质量投诉电话：010－88190744

打击盗版举报热线：010－88191661　　QQ：2242791300

# 丛书编委会

主　　　任：何锦国
副　主　任：刘　魁　赵树理　任西岳　王　辉　樊挚敏
　　　　　　王明霞
编委会成员：（按姓氏笔画排序）

于　筠　于建丽　王　洁　尹　硕　邓亚芳
邓连府　平　熹　卢　宁　毕春梅　刘　辉
齐　军　齐剑锋　许　涛　孙　文　孙家林
孙　磊　李小凤　李立国　李秀华　李彦敏
杨亮亮　肖　莉　吴　倩　余兴华　汪　薇
张秀娜　张　莉　张　静　陈　洁　苑　东
苑丽敏　林琼菁　郑　洁　孟雪莲　赵　萌
赵晨晨　施豪亮　姜　晨　袁灵华　袁晓晨
唐　志　黄龙梅　黄橙紫　隋　颖　雷　莉
鲍孟阳

# 《高值医用耗材专项审计指引详解》
# 编写组

主　　编：苑　东

副 主 编：尹　硕　刘佳昕

编写人员：（按姓氏笔画排序）

　　　　　尹　硕　刘佳昕　齐　军　孙　文　李小凤

　　　　　张秀娜　张　莹　陈　洁　苑　东

# 总　序

　　党和国家高度重视卫生健康行业内部审计工作。2016年，习近平总书记在全国卫生与健康大会上作出重要指示，要引导和规范医药卫生机构建立内审制度，加强自查自纠。国家卫生健康委财务司始终坚持以习近平新时代中国特色社会主义思想为指导，深入学习贯彻习近平总书记关于审计工作的重要指示精神，认真落实二十届中央审计委员会第一次会议精神，努力做到如臂使指、如影随形、如雷贯耳，全面加强党对审计的领导，把党对审计工作的集中统一领导贯穿审计工作的全过程和各环节，积极推进审计全覆盖，不断拓展审计监督广度和深度，消除监督盲区，促进监督权威高效，依法履行审计职责，推动审计理论、审计实践和审计制度创新。

　　近年来，特别是在贯彻落实党中央关于在全党大兴调查研究的决策部署和国家卫生健康委党组工作要求时，国家卫生健康委财务司通过实地调研、座谈交流、征求意见等方式了解到，基层单位希望开展"小而精"的专项审计，但实际工作中缺少政策指引和操作指南。为回应基层单位及审计人员的实践关切，国家卫生健康委财务司对一些工作急需、实践较成熟的专项审计项目开展课题研究，并制定印发了卫生健康行业内部审计指引，包括基本指引和6个专项审计指引，涉及大型医用设备绩效、高值医用耗材、采购管理、建设项目、合同管理和内部控制评价等，从方向上明确"审什么"和"怎么审"，得到了一线审计人员的高度认可，同时也受到了与之相关的管理人员的广泛欢迎。

为更好地帮助各级卫生健康行政部门及属管单位全面理解、准确落实卫生健康行业内部审计指引，便于根据指引开展专项审计，通过实践提高审计人员专业能力和专业素养，同时也方便相关专题的管理人员强化管理，丛书编委会组织行业部分审计财务经验丰富、研究能力较强的业务骨干力量，共同编写了《卫生健康行业内部审计指引详解系列丛书》（以下简称《丛书》）。

《丛书》对标行业专项审计指引要求，聚焦审计项目特点，全面总结审计实践经验，坚持需求导向、问题导向，依据相关重大政策、法规制度，分析凝练典型问题，聚焦审计重点，规范审计程序。《丛书》各书目间既相互独立又紧密联系，体系科学、内容新颖、解读翔实、案例实用，做到"五个坚持"：**一是坚持权威性**。由国家卫生健康委财务司统一组织编写，编写团队具有医疗卫生机构财务、审计的丰富工作经验，从成熟的专项审计项目中总结提炼典型性且具有推广价值的经验做法，并将课题主要研究成果充分体现在书稿里。编写过程广泛征求有关中央单位和各地各单位意见，充分开展专家研讨，集思广益，凝聚共识。**二是坚持实用性**。贴近行业内部审计工作实际，按照平实易懂的原则，详细介绍专项审计实施阶段具体操作规程，指导单位确定适用的审计程序和审计方法，分享常用审计文书参考格式、常见问题清单和典型案例。**三是坚持普适性**。在开展研究型审计的基础上，侧重总结提炼专项审计项目的过程管理、审计风险等共性内容和要求，供全行业开展内部审计工作时参考使用。**四是坚持创新性**。结合内部审计实际情况，在专项审计的内容细化、程序优化、风险提示等方面进行了有益探索，有利于不断提升卫生健康行业专项审计的质量和成效。**五是坚持前瞻性**。对于专项审计项目涉及的新领域，且现行制度未有明确规定的，结合以往审计结果，指导各级卫生健康行政部门及属管单位关注审计风险点，也可以作为单位强化内部控制、完善业务管理的重要参考。

我们将继续汇聚行业智慧和力量，探索总结审计实践经验，丰富完善行业内部审计指引，充实拓展《丛书》框架和内容，力求成熟一个出版一个。欢迎更多的行业同仁加入《丛书》编写工作中，积极分享交流审计优秀案例和先进经验，携手共进、砥砺前行，共同为推动卫生健康行业内部审计工作高质量发展而努力奋进。

在《丛书》编写过程中，中国卫生经济学会、中国内部审计协会、北京医院、国家食品安全风险评估中心、中国医学科学院肿瘤医院、中国医学科学院整形医院、北京大学口腔医院、华中科技大学同济医学院附属协和医院等单位专家，在工作之余，多次沟通讨论、反复研究推敲，付出了大量的辛劳，对他们为此付出的努力表示衷心感谢！此外，国家中医药管理局规划财务司综合与审计处、部分国家卫生健康委属管单位、北京市属医院相关专家也参与研究讨论并提出了宝贵中肯的修改意见，在此一并表示感谢！

丛书编委会

2024 年 4 月

# 前　言

近年来，医药卫生体制改革不断深入，健康中国行动持续推进，高值医用耗材管理政策陆续出台，迫切需要医疗机构加强高值医用耗材精细化管理。随着经济社会发展和医疗服务水平不断提高，高值医用耗材的使用量逐渐增加，高值医用耗材价格相对较高，对其安全性要求也越来越高，为了满足广大人民群众不同层次的健康服务需求，需要医疗机构进一步加强对高值医用耗材的监督和管理。

2019年5月，中央全面深化改革委员会第八次会议审议通过了《治理高值医用耗材改革方案》，要求理顺高值医用耗材价格体系，完善全流程监督管理，净化市场环境和医疗服务执业环境，推动形成高值医用耗材质量可靠、流通便捷、价格合理、使用规范的治理格局，促进行业健康有序发展。国家卫生健康委陆续出台《医疗机构医用耗材管理办法（试行）》《第一批国家高值医用耗材重点治理清单》等政策，指导和规范医疗机构医用耗材管理，特别是高值医用耗材管理，促进医用耗材合理规范使用，推动保障医疗质量与安全。

2022年3月，国家卫生健康委印发《进一步加强卫生健康行业内部审计工作的若干意见》（国卫财务发〔2022〕9号），规定各级卫生健康行政部门及属管单位要认真履行审计监督职责，充分发挥"离得近""看得清"优势，聚焦关键业务和重点环节，着力揭示经济运行风险隐患，同时也明确了开展医用耗材专项审计等工作要求。如何有效开展医用耗材特别是高值医用耗材专项审计，如何运用审计结果促进医用耗材全过程管理、提高耗材使用效率，降低单位运营成本、提升经济效益，是新时代卫生健康行业内部审计工作面临的新任务、新挑战。2022年以来，国家卫生健康委财务司组织课题组，结合高值医用耗材具有直接作用于人体、对安全性有严格要求、临床使用量大、价格相对较高等特点，深入研究高值医用耗材专项审计实务，2023年11月印发《高值医用耗材专项审计指引（试行）》（以下简称《指引》，国卫办财务函〔2023〕416号），指导各级卫生健康行政部门及属管单位规范开展审计业务，更好发挥内部审计作用。

本书在编写过程中充分考虑了高值医用耗材的管理要求和未来趋势，力求与时俱进，符合新时代中国特色社会主义经济发展新要求，落实健康中国战略，促进卫生健康事业实现高质量发展。同时，紧跟行业内部审计新形势，立足准确详细解读《指引》新要求，依据国家最新颁布的法律法规、重大政策及行业规定，结合工作中发现的常见问题，全面总结近年来典型案例，分享高值医用耗材专项审计的内部控制测试设计及实施、实质性程序开展等内容。系统阐述了如何对高值医用耗材的采购管理、收费和价格管理、财务管理、库存管理及使用评价等全生命周期管理开展审计工作，推进各单位专项审计规范化、制度化和信息化建设，同时关注采用供应链延伸服务（SPD）模式管理高值医用耗材的相关风险，促进实现内部审计广度和深度上的全覆盖。坚持需求导向，紧扣卫生健康行业特点，梳理专项审计的审计内容、程序、方法、风险点等，提供常用审计文书模板、政策依据、常见问题和参考案例，对提高内部审计人员工作能力、质量和效率具有较强的实操指导作用。方便内部审计人员快速掌握干什么、怎么干、关键点、切入点等重要内容，也使审计理论在实践中发展、丰富和完善。本书力求使广大读者一看就懂、一用就会，有助于透彻理解《指引》内涵，快速掌握专项审计思路和技术方法，提高工作质量和效率，促进单位规范业务管理。

本书在国家卫生健康委财务司组织指导下完成，该项工作自启动到完成，历时两年，凝结了很多领导和同仁的心血。期间，财务司司长何锦国同志对该项工作的实施原则、重点方向给予了强有力的指导，一级巡视员刘魁同志，副司长赵树理同志，副司长任西岳同志，二级巡视员王辉同志，时任副司长、一级巡视员樊挚敏同志，时任二级巡视员王明霞同志对编写工作给予了具体指导，多次听取汇报、参与研究，提出修改意见。北京大学口腔医院苑东同志作为总撰稿人，负责设计全书框架结构、梳理编写思路，牵头组建编写组，完成全部内容的整理、统稿、审核、校对、清稿等工作。承担本书主要编写工作的人员还包括北京大学口腔医院尹硕、刘佳昕，北京大学医学部审计中心张莹等同志。在整个课题研究以及书稿编写过程中，也得到了审计署内部审计指导监督司、中国内部审计协会以及相关专家的指导和支持，提供了很多宝贵意见，中国财政经济出版社的编辑团队为本书的出版夜以继日、辛苦操劳，在此一并感谢。

本书力求准确详细解读《指引》，并精选典型案例，方便读者理解，增强实用性，希望本书能够为卫生健康行业内部审计人员更新知识体系、开拓审计领域、提高工作水平提供帮助和启发，推动内审人员主动学习和实践运用，促进本单位运营管理水平提升。本书同时适用于审计理论研究者、审计实务工作者、审计专业师生学习使用，还能够为从事耗材管理、采购管理、财会监督、纪检监察监督等领域人员开展相关理论研究、业务培训和现场检查时提供参考，也能够为其他行业开展相关审计工作提供借鉴，推动各地区、各单位进一步加强经济运营管理，促进卫生健康事业高质量发展。实际工作中遇到的情况千差万别，本书无法也不可能包含所有情形。因此，**本书不能替代相关法律法规、部门规章、规范性文件及内部审计人员职业判断等。本书所涉及审计的时间、范围和程度，应当由内部审计人员在开展内部审计业务时结合项目实际情况、风险导向原则及职业判断确定，避免简单照搬照抄。**因编者水平有限，难免存在疏漏和不妥之处，衷心希望读者在使用过程中，多提宝贵意见并及时反馈给我们。本书将结合审计法律法规、卫生健康行业政策修订变化情况，适时修订更新。

编　者

2024 年 4 月

# 目 录

| 第一章 | **绪论** / 1
　　第一节　高值医用耗材概述 / 3
　　第二节　高值医用耗材审计概述 / 10
　　第三节　高值医用耗材审计流程 / 25

| 第二章 | **高值医用耗材内部控制测试审计** / 31
　　第一节　高值医用耗材的范围审计 / 33
　　第二节　内部机构管理、职能设置和人员管理情况审计 / 36
　　第三节　高值医用耗材管理制度建设和执行情况审计 / 40
　　第四节　信息化建设情况审计 / 43

| 第三章 | **高值医用耗材采购管理情况审计** / 47
　　第一节　新耗材准入审计 / 49
　　第二节　高值医用耗材供应商管理情况审计 / 53
　　第三节　医用耗材供应目录管理情况审计 / 58
　　第四节　高值医用耗材临时采购情况审计 / 63
　　第五节　高值医用耗材日常采购情况审计 / 65

| 第四章 | **高值医用耗材库存管理情况审计** / 81
　　第一节　验收入库管理情况审计 / 83
　　第二节　领用出库管理情况审计 / 88
　　第三节　实物库存管理情况审计 / 92

第四节　盘点情况审计／95

| 第五章 | **高值医用耗材收费管理情况审计**／101
第一节　医用耗材价格政策落实情况审计／103
第二节　收费项目合规情况审计／107
第三节　收费行为合规情况审计／109

| 第六章 | **高值医用耗材退费管理情况审计**／117
第一节　退费制度建设及授权管理情况审计／119
第二节　退费流程管理情况审计／122

| 第七章 | **高值医用耗材财务管理情况审计**／127
第一节　预算管理情况审计／129
第二节　货款结算情况审计／131
第三节　会计核算情况审计／136

| 第八章 | **高值医用耗材使用、评价情况审计**／143
第一节　高值医用耗材追溯管理情况审计／145
第二节　监测、评价情况审计／149

| 第九章 | **文书示例及综合案例**／153
第一节　文书格式／155
第二节　问题示例表／166
第三节　综合案例／175

**附录1　卫生健康行业内部审计基本指引（试行）／185**
**附录2　高值医用耗材专项审计指引（试行）／187**
**附录3　主要制度／191**
　　医疗器械监督管理条例／191
　　治理高值医用耗材改革方案／218
　　医疗机构医用耗材管理办法（试行）／225
　　关于印发第一批国家高值医用耗材重点治理清单的通知／234
　　关于开展国家组织高值医用耗材集中带量采购和使用的指导意见／237
**附录4　制度清单／242**
**参考文献／244**

# 第一章 绪论

## 第一节
# 高值医用耗材概述

## 一、高值医用耗材的定义

医用耗材是指医院在开展医疗服务过程中经常使用的一次性卫生材料、人体植入物和消毒后可重复使用且易损耗的医疗器械,是实施医学诊疗手段所必需的物质媒介之一。一般来说,高值医用耗材是指单价相对较高或者需植入、介入人体内且对安全性有严格要求的医用耗材;低值医用耗材是指单价相对较低且无须植入或介入人体内的医用耗材。

近年来,我国高值医用耗材行业得到较快发展,水平不断提升,技术明显进步,在满足人民群众健康需求、促进健康产业发展等方面发挥了积极作用,但同时也出现了价格虚高、过度使用等群众反映强烈、社会关注度高的突出问题。2019年5月,习近平总书记主持召开中央全面深化改革委员会第八次会议,会议指出,"高值医用耗材治理关系减轻人民群众医疗负担",要"完善全流程监督管理,净化市场环境和医疗服务执业环境,推动形成高值医用耗材质量可靠、流通快捷、价格合理、使用规范的治理格局"。

为全面深入治理高值医用耗材,规范医疗服务行为,控制医疗费用不合理增长,维护人民群众健康权益,按照党中央、国务院决策部署,2019年国务院办公厅发布《关于印发治理高值医用耗材改革方案的通知》(国办发〔2019〕37号)。方案提出,"取消公立医疗机构医用耗材加成,2019年底前实现全部公立医疗机构医用耗材'零差率'销售,高值医用耗材销售价格按采购价格执行。公立医疗机构因取消医用耗材加成而减少的合理收入,主要通过调整医疗服务价格、财政适当补助、做好同医保支付衔接等方式妥善解决。公立医疗机构要通过分类集中采购、加强成本核算、规范合理使用等方式降低成本，实现良性平稳运行"。医用耗材与药品是医疗成本构成的重要部分，随着医药卫生体制改革深入推进，公立医院综合改革全面推开，我国实施了60多年的药品和医用耗材加成实现全部取消，降本控费政策实效开始显现。在该方案中，高值医用耗材被界定为"直接作用于人体、对安全性有严格要求、临床使用量大、价格相对较高、群众费用负担重的医用耗材"，这也是当前多地在涉及高值医用耗材文件中常见的定义。

实际工作中，因高值医用耗材行业发展进程变化，以及各地经济发展水平、医疗卫生情况不一，对于高值医用耗材的界定也是方法不一。目前主要采用价值分界法、目录列举法或"价值分界＋目录列举"法等不同的界定规则。

**（一）采用价值分界的方式界定高值医用耗材**

各地对于"价格相对较高"的理解和界定都存在差异，部分省市或医院会按照金额作为高值医用耗材和其他医用耗材的分界点。

**（二）采用目录列举的方式界定高值医用耗材**

目录列举法通常在高值医用耗材集中采购相关制度和采购目录中有所体现。例如，2012年卫生部、国务院纠风办、国家发展改革委等部门《关于印发〈高值医用耗材集中采购工作规范（试行）〉的通知》（卫规财发〔2012〕86号）指出："高值医用耗材是指直接作用于人体、对安全性有严格要求、临床使用量大、价格相对较高、社会反映强烈的医用耗材"，在该文件中，直接采用了附件参考目录形式对高值医用耗材范围直接进行限定，主要包括血管介入类、非血管介入类、骨科植入、神经外科、电生理类、起搏器类、体外循环及血液净化、眼科材料、口腔科等植入、置入类高值医用耗材类别。

**（三）采用"价值分界＋目录列举"的方式界定高值医用耗材**

2019年江苏省卫健委在《关于进一步加强医疗机构高值医用耗材临床应用管理的意见》（苏卫医政〔2019〕24号）中，对高值医用耗材基本定义进行了补充，对类别范围进行了拓展，将其界定为："直接作用于人体、对安全性有严格要求、生产使用必须严格控制、价格相对较高的消耗型医疗器械，主要包括血管介入类、非血管介入类、电生理类、起搏器类、骨科、神经外科、普外科、心胸外科、眼科、口腔科、体外循环及血液净化等类别的植入、置入类高值医用耗材。重点是单个医用耗材价格超过2 000元，以及单次手术操作使用同一品种医用耗材累计价格超过2 000元的医用耗材。"

## 二、高值医用耗材的特点

高值医用耗材具有"品目数量多、技术含量高、临床风险大、更新换代快、费用负担重"等特点。我国高值医用耗材一度未形成全国统一的行业标准、编码体系和评价指标，都是由企业自定标准、自定名称，产品种类繁多，型号、规格复杂。2016年起，按照深化医药卫生体制改革要求，各地有序开展高值医用耗材阳光采购，即公立医院通过省级药品集中采购平台与高值医用耗材企业网上公开交易；国家卫生健康委启动全国统一采购编码研究制定工作，为规范名称类别、型号规格标准化，推进行业标准和评价指标建设奠定基础。

从医用耗材的医保支付管理情况看，目前，国家层面采取排除法规定了基本医疗保险不予支付费用和支付部分费用的医用耗材范围；各省级医疗保障部门根据临床需要、医疗技术发展、医保基金运行等实际情况，按程序将临床诊疗必需、安全有效、费用适宜且确定收费标准的医用耗材纳入本地区医保支付范围。由于各地经济发展和医疗水平情况不同，纳入医保支付的具体医用耗材种类存在一定差异。当前基本医疗保险制度主要还是立足于"保基本"的功能定位，尽力而为，量力而行，保障参保群众的基本医疗需求。患者以及参保群众个人对于高值医用耗材疾病负担还是较重的。

近年来，高值医用耗材领域价格虚高问题严重，医疗腐败案件频发。原因之一是"缺乏自主定价权"，其生产厂商大多分布在欧美等发达国家，可以自主定价，且耗材流通环节较多，致使高值医用耗材的价格普遍虚高。原因之二是"临床过度使用"，高值医用耗材种类繁杂，同功能的产品可能名称不一样，同名称的产品可能适用范围又不一样，患者由于缺乏相关专业性知识，大多会根据医务人员推荐而选择产品。在利益的驱使下，高值医用耗材使用环节可能会出现过度治疗、滥用等不规范的医疗行为，行业容易滋生腐败，给患者的生命、财产安全带来很大的损失。

针对高值医用耗材"价格虚高"的难点堵点，在2019年国务院办公厅发布的《关于印发治理高值医用耗材改革方案的通知》（国办发〔2019〕37号）中，要求通过优化制度、完善政策、创新方式，理顺高值医用耗材价格体系，完善高值医用耗材全流程监督管理，净化高值医用耗材市场环境和医疗服务执业环境，支持具有自主知识产权的国产高值医用耗材提升核心竞争力，推动形成高值医用耗材质量可靠、流通快捷、价格合理、使用规范的治理格局，促进行业健康有序发展、人民群众医疗费用负担进一步减轻。

2023年12月8日，为进一步加强卫生行业作风建设，做好大型医院巡查工作，推动医院党风廉政建设、加强廉洁风险防控，国家卫生健康委按照党中央、国务院决策部署和有关法律法规要求，根据《医院巡查工作管理办法（试行）》（国卫医急发〔2023〕39号）等部门规章，以及医院党的建设、行风建设、运行管理等相关文件精神和上一轮巡查中反映出的重点问题、短板弱项，出台《大型医院巡查工作方案（2023—2026年度）》（国卫办医急函〔2023〕453号），在行业作风建设、运行管理等方面细化耗材巡查内容。一是在行业作风建设方面，要求围绕行风热点问题，重点巡查医药领域腐败问题集中整治工作、医疗机构工作人员廉洁从业九项准则、全国医疗机构及其工作人员廉洁从业行动计划2021—2024年落实情况，要求重点巡查"是否建立完善覆盖重点岗位、重点人员、重点医疗行为、重要药品耗材、大型医疗设备、基础设施建设、大型修缮项目等关键节点的监测预警体系和监管机制，并做好问题处置和持续改进"。二是在运行管理方面，要求围绕医疗运行管理，重点巡查国家医疗管理政策规章制度落实情况。重点巡查"是否建立高值医用耗材使用院内点评机制和异常使用预警机制，开展对高值医用耗材用量情况监测分析，监测分析结果与绩效考核挂钩"。

高值医用耗材治理等政策的陆续出台，离不开国家治理层面对于民生的持续关注。在2020—2024年全国人民代表大会上，陆续提出了重点财政工作支持保基本民生，开展国家组织高值医用耗材集中采购试点、完善高值医用耗材集中采购政策、持续扩大国家组织高值医用耗材集中带量采购范围、推动高值医用耗材集中带量采购等系列政策举措（见表1-1）。据2023年6月国家卫生健康委公开资料显示，国家组织药品耗材集中带量采购稳步扩展，已开展七批药品和三批高值医用耗材的集中采购，中标药品平均降幅超过50%，耗材平均降幅超过80%。各省同步开展省级（际）联盟采购，基本形成国家带头、区域（省际）联盟协同、省级自主的上下联动、共同推进的集采格局。据2023年11月30日第四批国家组织高值医用耗材集采拟中选结果显示，中选产品平均降价70%左右，其中人工晶体类耗材（见表1-2）平均降价60%，运动医学类耗材（见表1-3）平均降价74%，集采成效不断显现。

**表1-1　　2020—2024年全国人民代表大会相关政策举措**

| |
| --- |
| 2020年6月，第十三届全国人民代表大会第三次会议关于2019年中央和地方预算执行情况与2020年中央和地方预算的决议："支持保基本民生。开展国家组织高值医用耗材集中采购试点" |
| 2021年6月，全国人民代表大会常务委员会关于批准2020年中央决算的决议："民生兜底，完善高值医用耗材集中采购政策" |
| 2022年3月，第十三届全国人民代表大会第五次会议关于2021年中央和地方预算执行情况与2022年中央和地方预算的决议："突出保基本兜底线，切实保障和改善民生。持续扩大国家组织高值医用耗材集中带量采购范围" |
| 2022年6月，全国人民代表大会常务委员会关于批准2021年中央决算的决议："加强普惠性基础性兜底性民生建设，有力有效保障民生。推动高值医用耗材集中带量采购" |
| 2023年3月，第十四届全国人民代表大会第一次会议关于2022年中央和地方预算执行情况与2023年中央和地方预算的决议："保基本兜底线，切实保障和改善民生。推动常态化开展药品、高值医用耗材集中带量采购" |
| 2024年3月，第十四届全国人民代表大会第二次会议关于2023年国民经济和社会发展计划执行情况与2024年国民经济和社会发展计划的决议："优化全国药品和高值医用耗材集中带量采购政策" |

表1-2　　　　人工晶体相关耗材产品类别

| 序号 | 耗材品种 | 产品类别 |
| --- | --- | --- |
| 1 | 人工晶体（含推注器） | 非球面——单焦点——非散光 |
| 2 | | 非球面——单焦点——散光 |
| 3 | | 双焦点——非散光 |
| 4 | | 双焦点——散光 |
| 5 | | 三焦点——非散光 |
| 6 | | 三焦点——散光 |
| 7 | | 景深延长——非散光 |
| 8 | | 景深延长——散光 |
| 9 | 粘弹剂 | 内聚型 |
| 10 | | 弥散型 |
| 11 | | 混合型 |

表1-3　　　　运动医学类相关耗材产品类别

| 序号 | 耗材品种 | 产品类别 |
| --- | --- | --- |
| 1 | 带线锚钉 | 钛合金带线锚钉 |
| 2 | | PEEK 带线锚钉 |
| 3 | | 可吸收带线锚钉 |
| 4 | | 全缝线带线锚钉 |
| 5 | 免打结锚钉 | 钛合金免打结锚钉 |
| 6 | | PEEK 免打结锚钉 |
| 7 | | 可吸收免打结锚钉 |
| 8 | | 全缝线免打结锚钉 |
| 9 | 固定钉 | 钛合金界面固定钉 |
| 10 | | PEEK 界面固定钉 |
| 11 | | 可吸收界面固定钉 |
| 12 | | 软组织固定钉 |
| 13 | 固定板 | 可调式固定板 |
| 14 | | 不可调式固定板 |
| 15 | 修复用缝线 | 修复用缝线 |
| 16 | 软组织重建物 | 人工韧带 |
| 17 | | 半月板修复缝合耗材 |
| 18 | | 半月板修复双针耗材 |

续表

| 序号 | 耗材品种 | 产品类别 |
| --- | --- | --- |
| 19 | 骨类重建物 | 人工合成骨 |
| 20 |  | 异种骨 |

高值医用耗材正在从国家层面逐步加强顶层设计，强化管理，提升效率，维护公平性。在坚持"保基本"的功能定位前提下，推动医用耗材分类和编码统一、明确医用耗材医保支付范围、逐步实行医保通用名管理，不断提升保障水平和保障公平性，提高医保基金使用效率，增强广大参保患者的获得感、幸福感、安全感。

针对高值医用耗材"在临床使用上，一般需成套使用"的特点，目前各地区在集采实践中，常约定同一企业投标的需成套使用产品，经济技术评审已入围且已有半数以上商品包综合评审入围的其他未入围的商品包，在接受同目录同评审分组最低报价且不高于本产品上限价前提下，可作为跟标品种供医疗机构价格谈判。2020年起，国家研究借鉴药品集中带量采购做法，总结地方经验，根据高值医用耗材特点，从价高量大、技术较为成熟、产品间临床可替代性较好的品种入手，开展国家组织集中带量采购。2021年，国家医保局、国家发展改革委、工业和信息化部、财政部、国家卫生健康委、市场监管总局、国家药监局、中央军委后勤保障部发布《关于开展国家组织高值医用耗材集中带量采购和使用的指导意见》（医保发〔2021〕31号），要求考虑不同高值医用耗材临床使用特点、功能、技术、使用差异，以及生产供应能力等因素，形成具体采购方案，引导公平竞争。根据高值医用耗材临床使用特点、标准化程度、参与企业数量等因素，因材施策，可采取招标、竞争性谈判、询价等方式进行采购。

此外，高值医用耗材还具有"需求及时性很强"的特点。由于部分高值医用耗材是植入体内使用，医院在给患者实施手术的过程中，存在手术实施后发现已准备的耗材型号无法满足实际需求的情况，需要及时提供匹配型号的耗材，确保手术顺利完成。一旦出现缺货，将影响临床医疗服务的质量，更严重的情况下将导致一些医疗服务不能正常进行。这给医院内部高值医用耗材的库存及使用管理带来了挑战。

## 第二节

# 高值医用耗材审计概述

### 一、审计目的

从本质上来讲，高值医用耗材审计与国家重大政策跟踪审计有很多相似之处。魏明（2017）认为，政策跟踪审计的目标不是查错纠弊，而是促进政策的实施，达到政策制定的目的。朱智鸿（2017）指出，常规审计工作主要以事后监督、查出问题为主，用现有的规章制度评价已经发生的经济活动的合法合规性，立足于财务的角度，事后发现问题。政策跟踪审计是在政策执行的过程中适时地介入某个环节，以政策制定的初衷和达到的效果来评价政策的落实效果，以工作开展的效率效果促进管理等目的，服务于国家治理。

开展高值医用耗材审计，是在一个较长的时间内对国家及上级部门相关政策实施落实的过程连续进行审计监督，目的是确保高值医用耗材各管理环节中相应政策落实到位的同时，发现和预警其中的管理问题和风险，并且助力公立医院党风廉政建设，预防和惩治高值医用耗材管理使用中的腐败问题。2019年以来，随着国家各项高值医用耗材治理制度的出台，此项审计的目的也更加明晰。2024年，全国审计工作会议要求，各级审计机关要把思想和行动统一到中央经济工作会议精神上来，统一到党中央、国务院对当前经济形势的判断和对今年经济工作的部署上来，始终保持奋发有为的精神状态，重点做好6方面审计工作。在围绕切实保障和改善民生开展审计方面，要求践行以人民为中心的发展思想，以推动兜住兜准兜牢民生底线为目标，组织全国审计机关开展养老、医疗、义务教育等民生审计，严肃查处群众身边的"蝇贪蚁腐"，努力把审计监督跟进到民生保障的"最后一公里"，把看好和推动用好民生资金、促进落实惠民政策作为审计最大的为民情怀。相关会议精神进一步为全国审计工作提供了基本指向和根本遵循。

## 二、审计意义

高值医用耗材专项审计对于规范耗材管理、提升医疗质量、强化风险管理、促进廉政建设、推动持续改进、促进跨部门合作以及为政策制定提供依据等方面都具有深远的意义。高值医用耗材审计应聚焦"治理高值医用耗材改革"的政策导向，围绕"完善价格形成机制，降低高值医用耗材虚高价格""规范医疗服务行为，严控高值医用耗材不合理使用""健全监督管理机制，严肃纠偏违法违规行为"以及"促进行业健康发展""推进三医联动"等审计目标，积极发挥审计的监督、评价和建议职能。

审计内容充分结合了国家医保局飞行检查涉及的事项，如高值医用耗材的收费及医保结算情况等，关注多收少收、套收、重复收费等问题。内部审计可在外部检查前做到预警，及时整改，完善管理，充分发挥内部审计的"预防""免疫"作用。

审计项目使内部审计人员对医院高值医用耗材全生命周期有了深入的了解，更加熟悉医院高值医用耗材各业务归口管理部门的管理流程、管理现状及风险点。通过深入医疗科室，了解医疗业务，审计人员挖掘到了其中的经济内涵事项，拓宽了审计视角和审计范围，推进了审计内容向医疗业务的延伸，加大风险防控力度。通过提出合理可行的审计建议，不断推动医院管理工作提质增效，实现业审融合。

具体来说，高值医用耗材专项审计的意义主要体现在以下几个方面：

一是规范耗材管理。通过对高值医用耗材的专项审计，可以规范高值医用耗材的管理和使用，确保高值医用耗材的采购、库存等环节符合相关法规和政策要求，防止出现流程不合规的问题。

二是提升医疗质量。通过高值医用耗材专项审计，医院可以确保使用的耗材都是高质量、合规的，从而避免因耗材质量问题导致的医疗事故或纠纷。这有助于提升医院的医疗质量和服务水平，增强患者的信任。

三是强化风险管理。审计过程中可以识别并评估与高值医用耗材相关的风险，如供应中断、价格波动、质量问题等。通过制定风险管理措施，医院可以降低潜在风险对医疗服务的影响。

四是促进廉政建设。通过对高值医用耗材的专项审计，可以发现和揭露高值医用耗材采购、使用等环节的腐败行为和不正之风，促进医院廉政建设，维护医院形象和声誉。

五是推动持续改进。专项审计不仅关注当前的状况，更关注医院在高值医用耗材管理方面的持续改进。审计结果可以为医院提供宝贵的反馈和建议，推动医院在管理、流程、制度等方面进行持续改进，提高整体运营效率。

六是促进跨部门合作。高值医用耗材专项审计涉及多个部门和岗位，如采购、库存、财务、临床等。通过审计，可以促进这些部门之间的沟通和合作，形成合力，共同推动医院在高值医用耗材管理方面的优化。

七是为政策制定提供依据。审计结果可以为政策制定者提供关于高值医用耗材使用、成本、风险等方面的数据和信息，为政策制定提供有力依据。这有助于制定更加合理、有效的高值医用耗材管理政策，推动整个医疗卫生行业的健康发展。

本书梳理了高值医用耗材的管理重点环节，对高值医用耗材的管理模式进行了系统的分析和总结，整理出较为全面的风险关注点，构建了一套审计流程及文书示例。同时，书中的审计资料、审计方法、审计流程可以运用于医院专项审计工作。

实务工作中，由于各医院高值医用耗材的管理情况及管理模式存在差异，建议实际运用时结合被审计单位的具体管理情况调整审计方法。让审计研究指导审计实践，从审计实践中淬炼研究成果，为以后的研究工作奠定一定的基础，并提供研究思路，持续推进研究型审计。

## 三、审计依据

### （一）审计工作要求方面

2014年10月9日，国务院发布的《关于加强审计工作的意见》（国发〔2014〕48号）明确指出，维护国家经济安全，要加大对经济运行中风险隐患的审计力度，密切关注财政、金融、民生、国有资产、能源、资源和环境保护等方面存在的薄弱环节和风险隐患,以及可能引发的社会不稳定因素,特别是地方政府性债务、区域性金融稳定等情况,注意发现和反映苗头性、倾向性问题,积极提出解决问题和化解风险的建议。

2017年11月20日,国家卫生计生委发布的《卫生计生系统内部审计工作规定》(国家卫生和计划生育委员会令第16号)明确指出,国有资产管理及其他所有经济活动事项审计为各单位内部审计机构的主要职责之一。

2018年1月12日,《审计署关于内部审计工作的规定》(审计署令第11号)明确,内部审计机构应该履行的职责包括对本单位及所属单位固定资产投资项目进行审计。

2022年3月2日,国家卫生健康委发布《进一步加强卫生健康行业内部审计工作的若干意见》(国卫财务发〔2022〕9号),要求推进审计项目和审计组织方式"两统筹",组织开展经济责任审计、预算执行和财务收支审计、转移支付资金专项审计,积极推动实施重大政策落实情况审计、重大建设项目全过程跟踪审计、大型医用设备绩效审计和医用耗材、政府采购、内部控制、合同管理等专项审计。

2023年11月14日,为贯彻落实《进一步加强卫生健康行业内部审计工作若干意见的通知》(国卫财务发〔2022〕9号),指导和规范各级卫生健康行政部门及属管单位开展审计业务,更好发挥内部审计作用,国家卫生健康委办公厅发布了《关于印发卫生健康行业内部审计基本指引(试行)等7个工作指引的通知》(国卫办财务函〔2023〕416号)。该指引分为基本指引和6个专项审计指引,包括大型医用设备绩效、高值医用耗材、采购管理、建设项目、合同管理、内部控制评价等。一方面明确"审什么",介绍目的与依据,指导各地各单位关注国家政策要求,结合单位实际需求合理确定审计内容。另一方面解决"怎么审",明确开展审计的程序、措施和要求,指导各地各单位确定适用的审计程序和方法,强调与其他政策规定的衔接。

在具体实践中,各步骤审计工作的开展还可参照中国内部审计协会近年来出台的内部审计基本准则、具体准则、实务指南等:

1. 第1101号内部审计基本准则;
2. 第1201号内部审计人员职业道德规范;

3. 第 2101 号内部审计具体准则——审计计划；

4. 第 2102 号内部审计具体准则——审计通知书；

5. 第 2103 号内部审计具体准则——审计证据；

6. 第 2104 号内部审计具体准则——审计工作底稿；

7. 第 2105 号内部审计具体准则——结果沟通；

8. 第 2106 号内部审计具体准则——审计报告；

9. 第 2107 号内部审计具体准则——后续审计；

10. 第 2108 号内部审计具体准则——审计抽样；

11. 第 2109 号内部审计具体准则——分析程序；

12. 第 2303 号内部审计具体准则——内部审计与外部审计的协调；

13. 第 2304 号内部审计具体准则——利用外部专家服务；

14. 第 2305 号内部审计具体准则——人际关系；

15. 第 2306 号内部审计具体准则——内部审计质量控制；

16. 第 2307 号内部审计具体准则——评价外部审计工作质量；

17. 第 2308 号内部审计具体准则——审计档案工作；

18. 第 2309 号内部审计具体准则——内部审计业务外包管理；

19. 第 3101 号内部审计实务指南——审计报告；

20. 内部审计实务指南第 2 号——物资采购审计。

### （二）高值医用耗材治理方面

2019 年 6 月 6 日，国家卫生健康委、国家中医药局发布《医疗机构医用耗材管理办法（试行）》（国卫医发〔2019〕43 号），要求对二级以上医疗机构的耗材采购、储存、使用、追溯、监测、评价、监督等全过程进行有效组织实施与管理。明确了二级以上医院应当设立医用耗材管理委员会，规定医用耗材采购要求，明确监管措施等。

2019 年 7 月 19 日，国务院办公厅发布《关于印发治理高值医用耗材改革方案的通知》（国办发〔2019〕37 号），聚焦高值医用耗材价格虚高、过度使用等重点问题推进改革，完善了价格形成机制，降低高值医用耗材虚高价格，健全了监督管理机制，严肃查处违法违规行为。

2020 年 1 月 8 日，国家卫生健康委办公厅印发了《第一批国家高值医用耗材重点治理清单》（国卫办医函〔2020〕9号），明确了高值医用耗材的治理范围，要求各地方根据各地实际，适当增加品种，形成省级清单，并指导辖区内医疗机构制定医疗机构清单。

**（三）遴选与采购方面**

医院在采购高值医用耗材时，要充分考虑政府采购及招投标的法律要求。严格执行《中华人民共和国政府采购法》《中华人民共和国政府采购法实施条例》《中华人民共和国招标投标法》《中华人民共和国招标投标法实施条例》等法律法规。同时关注属地化的政府采购管理要求，合理合规地进行采购。

2012年12月17日，卫生部、国务院纠风办、国家发展改革委、监察部、工商总局、食品药品监管局印发的《高值医用耗材集中采购工作规范（试行）》（卫规财发〔2012〕86号）进一步规范了高值医用耗材集中采购工作，明确了当事人的行为规范。高值医用耗材是指直接作用于人体、对安全性有严格要求、临床使用量大、价格相对较高、社会反映强烈的医用耗材，集中采购工作应当遵循公开透明、公平竞争、公正廉洁和科学诚信原则，保证医用耗材生产经营企业平等参与，禁止任何形式的地方保护。集中采购周期原则上为两年一次，开展产品增补工作期限不得超过一年。

2020年12月18日，为了发挥政府采购政策功能，促进中小企业发展，财政部、工业和信息化部印发了《政府采购促进中小企业发展管理办法的通知》（财库〔2020〕46号），明确了中小企业参加政府采购活动，应当出具该办法规定的"中小企业声明函"。

2021年2月4日，国家卫生健康委发布《医疗器械临床使用管理办法》（国家卫生健康委员会令第8号）。医疗器械的安全有效使用直接关系医疗质量安全和人民群众身体健康，《医疗器械临床使用管理办法》的发布，加强了医疗机构医疗器械临床使用管理工作，保障了医疗器械临床使用安全、有效。其中明确了医疗机构应当真实记录医疗器械保障情况并存入医疗器械信息档案，档案保存期限不得少于医疗器械规定使用期限终止后五年的要求，以及对未妥善保存购入第三类医疗器械的原始资料，或者未按照规定将大型医疗器械以及植入和介入类医疗器械的信息记载到病历等相关记录中的处罚要求。

2021年4月30日，国家医保局、国家发展改革委、工业和信息化部、财政部、国家卫生健康委、市场监管总局、国家药监局、中央军委后勤保障部发布的《关于开展国家组织高值医用耗材集中带量采购和使用的指导意见》（医保发〔2021〕31号）明确指出，公立医疗机构为执行主体，开展国家组织高值医用耗材集中带量采购，对高值医用耗材的覆盖范围、采购规则等进行规范，完善高值医用耗材价格形成机制，治理价格虚高问题，进一步促进高值医用耗材价格回归合理水平，减轻患者负担，降低企业交易成本，净化流通环境，引导医疗机构规范使用，更好保障人民群众病有所医。

2021年11月12日，国家卫生健康委、国家医保局、国家中医药局发布《医疗机构工作人员廉洁从业九项准则》（国卫医发〔2021〕37号），明确要求恪守交往底线，不收受企业回扣。严禁接受药品、医疗设备、医疗器械、医用卫生材料等医疗产品生产、经营企业或者经销人员以任何名义、形式给予的回扣等内容。

2022年3月31日，国家医保局办公室、国家卫生健康委办公厅发布的《关于国家组织高值医用耗材（人工关节）集中带量采购和使用配套措施的意见》（医保办发〔2022〕4号）中明确了"人工关节集采"的总体要求：紧密结合人工关节采购、配送、使用及伴随服务特点，发挥医保基金战略性购买作用，加强政策协同，充分利用集采平台挂网、医保基金预付、医保支付政策、医疗服务价格调整、医疗机构激励约束等措施，推动人工关节集采中选结果平稳实施，实现人民群众得实惠、医疗机构和医务人员有激励、医药行业高质量发展的目标。

### （四）库存管理方面

2015年9月29日，国家卫生计生委印发了《预算管理单位国有资产使用管理办法》（国卫财务发〔2015〕85号），对自用资产的制度建设、出入库等方面做出了规定。明确要建立健全国有资产的验收、入账、领用、使用、保管、维修维护、清查盘点、登记和档案等内部管理制度，各单位还应当对实物资产进行定期盘点清查，每年度至少一次等。

2019年3月29日，财政部发布了《财政部关于修改〈事业单位国有资产管理暂行办法〉的决定》（财政部令第100号），对《事业单位国有资产管理暂行办法》（财政部令第36号）部分条款作出修改，更好地适应新的管理要求和实际情况，进一步规范和优化事业单位国有资产管理，提升国有资产的使用效率和保值增值能力。

2021年2月1日，国务院发布的《行政事业性国有资产管理条例》（国务院令第738号）中明确指出各部门及其所属单位应当定期或者不定期对资产进行盘点、对账。出现资产盘盈盘亏的，应当按照财务、会计和资产管理制度有关规定处理，做到账实相符和账账相符；处置资产应当及时核销相关资产台账信息，同时进行会计处理；在资产清查中发现账实不符、账账不符的，应当查明原因予以说明，并随同清查结果一并履行审批程序；应当根据审批结果及时调整资产台账信息，同时进行会计处理。

2022年8月3日，国家卫生健康委印发《预算单位国有资产处置管理办法》（国卫财务函〔2022〕141号），对加强国有资产管理提出了更高要求，明确了组织管理、处置权限、处置程序、处置方式、处置收入管理、监督检查等方面的内容。

### （五）医保基金及收费方面

2021年1月15日，国务院发布的《医疗保障基金使用监督管理条例》（国务院令第735号）中明确指出，医疗保障基金使用应当符合国家规定的支付范围。医疗保障、卫生健康、中医药、市场监督管理、财政、审计、公安等部门应当分工协作、相互配合，建立沟通协调、案件移送等机制，共同做好医疗保障基金使用监督管理工作。明确了定点医药机构及其工作人员应当执行实名就医和购药管理规定，核验参保人员医疗保障凭证，按照诊疗规范提供合理、必要的医药服务，向参保人员如实出具费用单据和相关资料，不得分解住院、挂床住院，不得违反诊疗规范过度诊疗、过度检查、分解处方、超量开药、重复开药，不得重复收费、超标准收费、分解项目收费，不得串换药品、医用耗材、诊疗项目和服务设施，不得诱导、协助他人冒名或者虚假就医、购药。

2021年9月29日，国务院办公厅印发《"十四五"全民医疗保障规划》（国办发〔2021〕36号），国家医保局多次组织专项检查、飞行检查，对发现的医疗机构在耗材管理上存在的耗材溢库、耗材进销存不符、虚记耗材使用数量、高值医用耗材重复收费、未按政策要求实行耗材零差率等问题进行大力整改。

2022年7月19日，国家医疗保障局办公室发布了《关于进一步做好医疗服务价格管理工作的通知》（医保办发〔2022〕16号），要求强化医疗服务价格宏观管理和动态调整，扎实做好医疗服务价格日常管理工作，突出体现对技术劳务价值的支持力度，新增价格项目着力支持基于临床价值的医疗技术创新，提升现有价格项目对医疗技术的兼容性，正确处理医疗服务价格和医药集中采购的关系，提高医疗服务价格工作的主动性、科学性、规范性，持续完善医疗服务价格管理，积极促进公立医院高质量发展。

2022年9月6日，国家医疗保障局发布《关于开展口腔种植医疗服务收费和耗材价格专项治理的通知》（医保发〔2022〕27号），规范了口腔种植医疗服务和耗材收费方式，强化了口腔种植等医疗服务价格调控，明确了种植牙耗材集中采购的组织开展要求。

2023年7月21日，国家医疗保障局发布了《关于做好基本医疗保险医用耗材支付管理有关工作的通知》（医保发〔2023〕23号），明确要夯实医保支付管理基础、加强医保准入管理、完善医保支付政策、认真抓好组织落实，让医用耗材医保分类更加规范、支付管理更加科学高效。

2023年7月26日，国家医保局、财政部、国家税务总局发布的《关于做好2023年城乡居民基本医疗保障工作的通知》（医保发〔2023〕24号）提出：抓好医药集中采购和价格管理工作方面，要持续扩大药品耗材集中带量采购覆盖面，开展新批次国家组织药品和高值医用耗材集采，重点指导各省（自治区、直辖市）开展国家集采以外的化学药、中成药以及神经外科、体外诊断试剂等药品耗材集采。规范化开展药品耗材集采协议期满接续工作。严格集采量执行，硬化供应量和使用量约束力，提升精细化管理水平，促进医疗机构优先使用集采中选产品。持续完善医药集采平台功能，强化系统落地应用，持续提升药品耗材"网采率"，提升集采平台统一服务水平。

## （六）财务管理方面

1994年3月22日第八届全国人大常委会发布了《中华人民共和国预算法》，2014年8月31日第十二届全国人民代表大会常务委员会第十次会议第二次修订了预算法。预算法是为了规范政府收支行为，强化预算约束，加强对预算的管理和监督，建立健全全面规范、公开透明的预算制度，保障经济社会的健康发展，根据宪法制定的法律。实行预算管理的医院，也需将高值医用耗材的收支活动纳入医院的预算管理中。

2017年10月24日，财政部印发了《政府会计制度——行政事业单位会计科目和报表》（财会〔2017〕25号），积极贯彻落实党的十八届三中全会精神，构建统一、科学、规范的政府会计核算标准体系，夯实政府财务报告的编制基础。2018年8月31日，财政部为确保新制度在基层医疗卫生机构的有效贯彻实施，又发布了《关于印发医院执行〈政府会计制度——行政事业单位会计科目和报表〉的补充规定和衔接规定》（财会〔2018〕24号），助力医院更好地衔接政府会计制度。

2020年7月5日，为促进机关、事业单位和大型企业及时支付中小企业款项，维护中小企业合法权益，国务院发布了《保障中小企业款项支付条例》（国务院令第728号），规定了机关、事业单位和大型企业不得要求中小企业接受不合理的付款期限、方式、条件和违约责任等交易条件，不得违约拖欠中小企业的货物、工程、服务款项。从中小企业采购货物、工程、服务，应当自货物、工程、服务交付之日起30日内支付款项；合同另有约定的，付款期限最长不得超过60日。

2020年12月31日，国家卫生健康委、国家中医药管理局发布的《关于印发公立医院全面预算管理制度实施办法的通知》（国卫财务发〔2020〕30号）指出，公立医院要规范经济运行，严格预算管理、强化预算约束，提高资金使用和资源利用效率，进一步深化医药卫生体制改革相关政策要求。医院要严格执行经批复的预算，完善各项预算管理规章制度，严格遵守预算执行授权审批制度和各项审批程序，形成全方位的预算执行责任体系，并将预算作为开展各项业务活动和经济活动的基本依据。

### (七）其他方面

2018 年 4 月 2 日，国家卫生健康委办公厅印发《全国医院信息化建设标准与规范（试行）》（国卫办规划发〔2018〕4 号），从软硬件建设、安全保障、新兴技术应用等方面规范医院信息化建设的主要内容和要求。针对植入、介入等高值医用耗材，支持接收院外高值医用耗材供应商信息，实现高值医用耗材标识码、有效期、资质等信息全流程管理及追溯。

2020 年 12 月 31 日，国家卫生健康委、国家中医药管理局印发《公立医院内部控制管理办法》（国卫财务发〔2020〕31 号），明确了公立医院内部控制建设的主要内容，其中采购业务、医疗业务、信息化建设业务等模块均涉及耗材事项。

2021 年 2 月 9 日，国务院发布的《医疗器械监督管理条例》（国务院令第 739 号）指出，医疗器械监督管理遵循风险管理、全程管控、科学监管、社会共治的原则，明确国家对医疗器械按照风险程度实行分类管理。对于医疗器械生产、医疗器械经营与使用进行规范。国家建立医疗器械不良事件监测制度，对医疗器械不良事件及时进行收集、分析、评价、控制。

2021 年 3 月 15 日，国家卫生健康委办公厅印发了《医院智慧管理分级评估标准体系（试行）》（国卫办医函〔2021〕86 号），推动医院逐步完善药品耗材智慧管理信息系统，从药品耗材遴选与购置、库存管理、消毒与循环物品管理、监测与使用评价，实现药品、试剂、耗材、物品等物流全流程追溯和质量监管，实现医用耗材的精细化管理。

2023 年 2 月 27 日，国家卫生健康委办公厅印发《国家三级公立医院绩效考核操作手册（2023 版）》（国卫办医政函〔2023〕49 号），将完善高值医用耗材临床应用管理的相关要求，纳入三级公立医疗机构绩效考核评价体系，重点监控高值医用耗材收入占比。

2023 年 12 月 18 日，财政部、国家卫生健康委、国家医保局、国家中医药局印发《关于进一步加强公立医院内部控制建设的指导意见》（财会〔2023〕31 号），建立健全权责清晰、制衡有力、运行有效、监督到位的内部控制体系，强化财经纪律刚性约束，合理保证公立医院经济活动及相关业务活动合法合规、资产安全和使用有效、财务信息真实完整，有效防范舞弊和预防腐败，提高资源配置和使用效益。其中，在着力完善公立医院重点业务及高风险领域的内部控制措施方面，对医用耗材提出了落实采购政策，明确职责划分与归口管理，加强采购过程中的关键管控环节和控制措施的要求。

## 四、审计内容

高值医用耗材专项审计内容如图1-1所示。

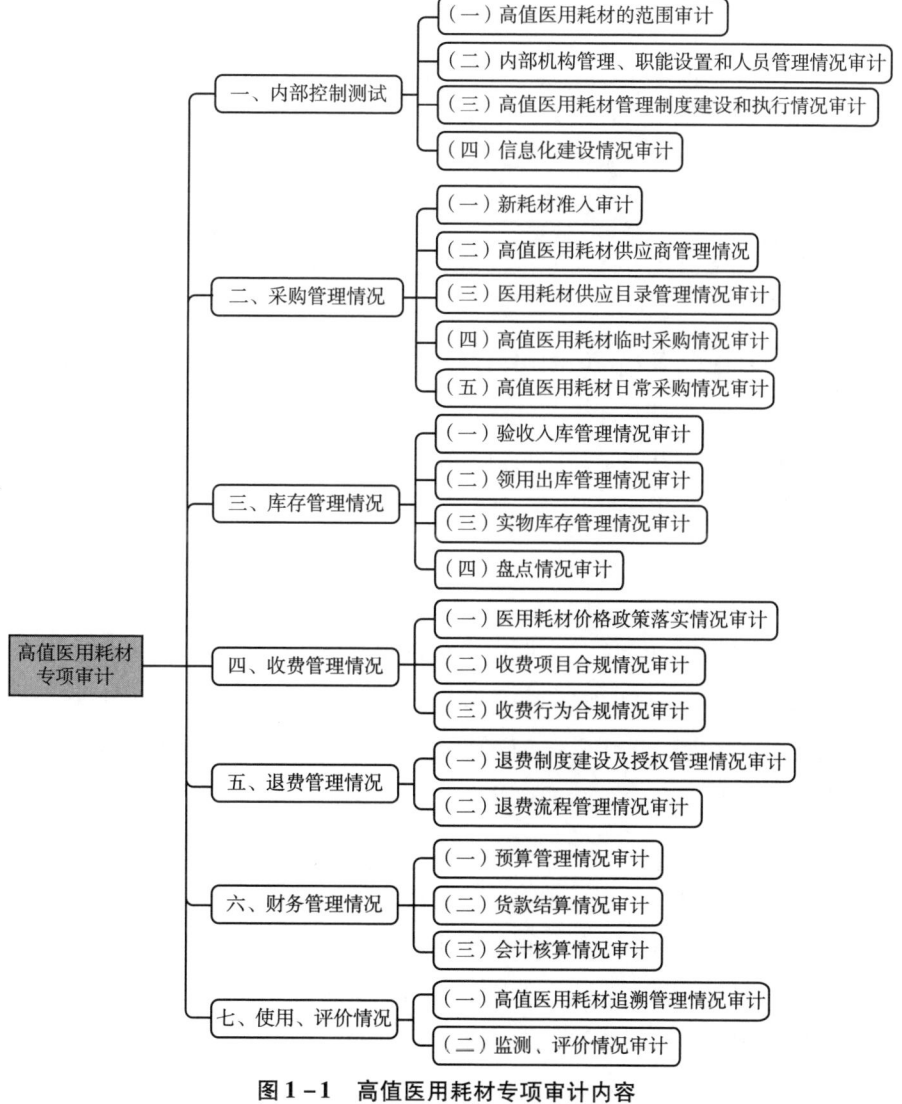

图1-1　高值医用耗材专项审计内容

高值医用耗材审计主要关注内部控制测试、采购管理、库存管理、收退费管理、财务管理及使用评价等方面内容。

内部控制测试是对高值医用耗材范围是否符合制度要求进行审查，以及对有关高值医用耗材机构管理、职能设置和人员管理情况、医院的相关制度建设情况和高值医用耗材全过程信息化建设、使用情况等方面的审查。

采购管理包含了新耗材的准入、临时性的采购以及高值医用耗材的日常采购，其中包括对供应商的评估以及对耗材供应目录管理情况的审计。

库存管理主要是检查出入库的流程，一级库、二级库的管理情况和盘点情况，特别提到对二级库检查时抽取审计样本的方式方法。

收费及退费主要是审查收费项目和行为的合规性，退费的制度建设情况、退费流程及退费审批人的授权情况等，以及医院对医用耗材价格政策的落实情况。

财务方面主要审查高值医用耗材采购的预算和货款结算情况，账务处理情况等。

使用、评价一方面是关注高值医用耗材的可追溯性，另一方面是看是否建立了对高值医用耗材监测、评价的相关制度及其执行情况。

## 五、审计方法

审计方法是指审计人员为取得审计证据，据以证实被审计事实的性质并作出评价的过程中所运用的各种专门技术手段的总称。审计方法是人们在审计工作的长期实践中总结创立的。这些方法并不是固定不变的，随着社会经济的发展和科学技术的进步，审计方法也不断地改进和发展，并逐步完善和提高，形成一个比较完整的科学方法体系。同时审计方法的选择影响着审计工作进程、审计结论以及审计监督的效率和效果。

目前常用的审计方法包括审计基本方法和审计技术方法两类，审计基本方法是指审计调查、分析、调整和报告；审计技术方法是核对法、复算法、分析性复核法、逆查法、顺查法、详查法、抽查法等。在高值医用耗材审计中可以有效组合利用。

## （一）审计基本方法

1. 审计调查

审计调查是内部审计人员根据经济活动中出现的带有倾向性、普通性的重大问题，通过调查分析，为管理人员加强或改进宏观控制与宏观决策提供有效信息和建议的一种审计方法。开展审计调查不仅能为宏观决策提供信息和建议，贯彻和完善相关法律法规，而且有利于审计工作经常化、制度化，提高审计人员政策水平和业务素质。审计调查方法包括观察法、查询法、函证法。

观察法是指审计人员亲临现场进行实地观察检查，借以查明事实真相，取得审计证据的一种调查方法。审计人员进入被审计单位后，深入科室、仓库等地，对于经营管理工作的开展、财产物资的保管和利用、内部控制制度的执行等，进行直接的观看视察，注意其是否符合审计标准和书面资料的记载，从中发现薄弱环节和存在的问题，借以收集书面资料以外的证据。多用于对高值医用耗材的二级库进行盘点，对科室相关人员的使用过程进行观察等。

查询法是指对审计过程中发现的疑点和问题，通过口头询问或质疑的方式看清事实真相并取得口头或书面证据的一种调查方法。如对可疑账目或异常情况、内部控制制度、经济效益等审查，都可以向有关人员提出口头或书面的询问。对重要问题尽量采用书面询问并取得书面证据。主要是通过查询高值医用耗材的相关制度、财务账目、流程文件资料等相关材料，对审计事项进行了解、取证。

函证法实际上也是一种查询法，它是指审计人员通过给有关单位和个人发函，以了解情况并取得证据的一种调查方法。这种方法多用于往来款项的查证，作为认证债权债务的必要手段。可用于与高值医用耗材供应商的往来款项，尤其是作为中小企业的付款事项审计过程中的查证手段。

2. 审计分析

审计分析是指审计机构或人员运用系统方法对审计对象的具体资料和

内容进行分类、分辨，可以分为探测分析和判断分析两种。

探测分析是指在审计前和审计过程中探查错误项目的方法，主要用于审查被审计单位经济活动和财政收支活动以及核算资料等的错误，以发现线索。

判断分析是指在审计结束时对查证事实做出判断的方法，主要用于验证审计数据的正确性，对审计结果做出评价和结论。

3. 审计调整

审计调整是指审计人员在审计过程中对发现的重要或重大审计差异进行的调整。审计差异调整事项在审计工作底稿中通常都是以会计分录的形式反映，且汇总为审计差异调整表一并反映。

4. 审计报告

审计报告是指审计人员根据相关法律法规，在实施审计工作的基础上对被审计单位的情况及问题发表审计意见的书面文件。

### （二）审计技术方法

1. 核对法

核对法是指对凭证、账簿、报表及其各有关资料之间、书面资料与实际情况之间进行的对照检查。它包括证证（原始凭证与记账凭证）、账证（账簿与凭证）、账账（日记账、明细账和总账）、账表（账簿与报表）、表表（各种报表之间）、账实（凭证、账簿、报表与实际情况）和其他有关资料之间的核对，检查有关数据是否相符，以发现问题，并为深入揭示问题提供线索。

2. 复算法

复算法是指对所有的资料进行重复核算运算的一种方法，主要核算的是原始凭证中数量与单价的乘积、小计合计，记账凭证中明细金额的合计，账簿金额的合计余额，报表中的合计、总计，预算计划分析中的相关数据等。

3. 分析性复核法

分析性复核是指审计人员对被审计单位重要的金额、比率或趋势等进行比较和分析，并对异常变动和异常项目予以重点关注的审计方法。

4. 逆查法

逆查法是指按照经济活动的相反顺序，从后往前推的审计方法。在高值医用耗材审计中，使用逆查法可以通过查询 HIS 收费情况反向查找其病历中的高值医用耗材标识并追溯到耗材的出入库及采购过程。

5. 顺查法

顺查法是指从前往后的审计方法，首先审查会计凭证，之后审查财务会计账簿，最后审查会计报表。

6. 详查法

详查法亦称"详细审计法""精查法"，是指对被审计项目的全部账目和全部业务毫无遗漏地进行逐一审查的一种审计方法。

7. 抽查法

抽查法亦称"抽样审计法"，是指从审计对象的全部账目和业务中抽取一部分作为样本进行审查，并根据样本审查的结果对总体的特征进行推断的一种审计方法。

## 第三节 高值医用耗材审计流程

### 一、审计准备阶段

主要环节包括：列入年度审计计划、开展审前调查、编制高值医用耗材审计方案、制发审计通知书及资料清单等。

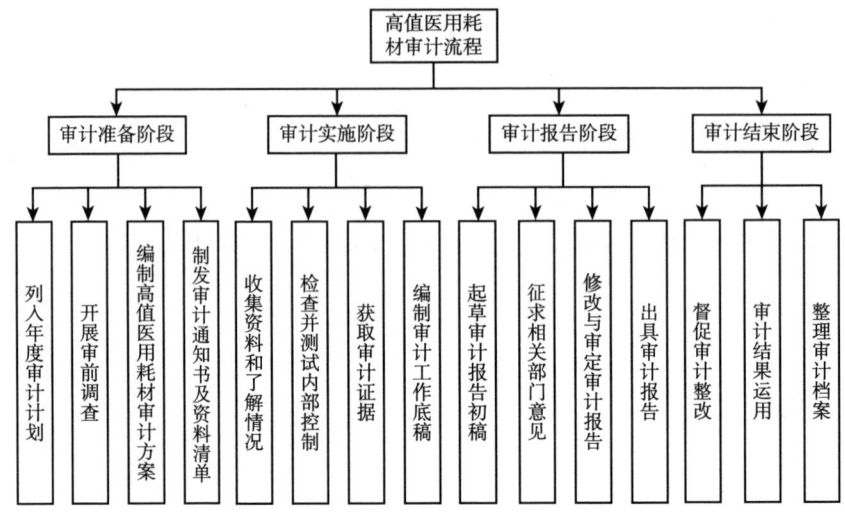

## （一）列入年度审计计划

根据部门规章、规范性文件规定的内部审计机构职责，结合内部审计中长期规划，内部审计机构可将高值医用耗材专项审计列入年度审计计划中，根据医院高值医用耗材管理风险状况、管理需要和审计资源的配置情况，确定审计项目和时间安排。

## （二）开展审前调查

根据年度审计计划，内部审计机构在编制审计方案前，通过了解医院的高值医用耗材管理情况、采购库存管理等审批过程资料、财务报告、内部管理制度等材料，对高值医用耗材专项审计项目建立初步认识，然后对项目审计工作量、工作重点作出评估判断，并作为审计资源调配的依据。

## （三）编制高值医用耗材审计方案

内部审计机构结合审前调查情况编制审计方案，明确审计的目标、范围、内容、重点、程序和方法，审计组成员的组成及分工，审计起止日期，对外部审计工作结果的利用及其他有关要求等基本内容。

审计方案应当报经内部审计机构负责人审定，并报单位内部分管审计工作的领导批准。审计过程中如有必要，内部审计机构可以调整审计方案，调整时应当履行相应审批程序。

### （四）制发审计通知书及资料清单

内部审计机构应当依据审计工作方案，研究起草审计通知书，内容包括审计项目名称、被审计单位名称、审计范围和内容、审计时间、审计组组长及成员名单、需要相关部门提供的资料及其他必要的协助要求、内部审计机构的印章和签发日期等内容。

内部审计机构根据高值医用耗材的审计内容特点和需要编制审计资料清单，主要包括但不限于：制度文件、高值医用耗材供应目录、会议纪要、采购和库存管理相关文件、审批过程资料、财务及物价相关资料、会计凭证、经济合同、临床业务活动相关资料、患者病历资料、以往各类监督检查资料等。必要时，审计通知书可以抄送单位内部相关部门。

## 二、审计实施阶段

主要环节包括：收集资料和了解情况、检查并测试内部控制、获取审计证据、编制审计工作底稿等。

### （一）收集资料和了解情况

审计人员按照规定根据审计通知书规定时间正式开展现场审计，指定专人与高值医用耗材专项审计涉及部门人员进行协调，交接审计资料清单中有关资料，做好相关资料的签收、登记和组内分发工作。

审计过程中，审计人员可以根据需要请相关部门继续提供审计所需资料。审计人员对于接收的所有纸质及电子资料和数据，负有保密责任。

### （二）检查并测试内部控制

全面了解审计项目后，审计人员按照项目分工，开展内部控制测试，发现是否存在制度缺失、制度未执行或执行不严格等情况，为下一步重点审计提供方向。

## （三）获取审计证据

审计人员开展高值医用耗材专项审计时，可依据本医院的高值医用耗材特点、审计所需资料和各环节的审计目标选择恰当的审计方法，充分运用信息技术方法，发现审计线索，获取审计证据，形成初步审计结论。

审计过程中，对于发现的重大问题线索应当及时向党委（党组）或主要负责人请示汇报。审计人员获取的审计证据要具备相关性、可靠性和充分性，同时考虑具体审计事项的重要性、可以接受的审计风险水平、合理的成本效益比、科学的审计方法等因素。

## （四）编制审计工作底稿

审计人员在实施审计工作的同时，编制审计工作底稿、记录审计程序、归纳审计证据，最终形成审计结论。

审计工作底稿应当内容完整、结论明确，客观地反映项目审计方案实施情况，清晰地记录与形成审计结论、意见和建议有关的所有重要事项。

内部审计机构应当建立审计工作底稿的分级复核制度，明确规定各级复核人员的要求和责任。审计工作底稿的基本要素及编制应当符合内部审计准则的有关规定。

## 三、审计报告阶段

主要环节包括：起草审计报告初稿、征求相关部门意见、修改与审定审计报告、出具审计报告等。

### （一）起草审计报告初稿

依据高值医用耗材专项审计中获取的审计证据和形成的审计工作底稿，审计人员应当在实施必要的审计程序后，对审计证据进行汇总和分析，研究起草审计报告初稿。

### （二）征求相关部门意见

审计人员应当及时编制审计报告，经规定程序复核后，以内部审计机构的名义征求相关部门的意见。相关部门对审计报告内容有异议的，应当提供必要的补充依据和书面反馈意见。

### （三）修改与审定审计报告

审计人员应对相关部门提出的书面意见和补充资料进行研究、核实，撰写意见反馈情况说明，视情况对审计报告做出必要的修改。审计报告应当经内部审计机构复核、审定。

### （四）出具审计报告

内部审计机构应当按规定将审计报告连同相关部门提出的书面意见一并报送单位党委（党组）或主要负责人审定，按规定送单位内部相关部门，确保在规定时限内出具审计报告并送达被审计单位，必要时送达其他相关单位和人员。内部审计机构也可以审计整改通知书的形式向被审计单位明确整改要求。

## 四、审计结束阶段

主要环节包括：督促审计整改、审计结果运用、整理审计档案。

### （一）督促审计整改

内部审计机构应当对审计整改工作进展、长效机制建设等实施指导督促和跟踪检查。单位应建立审计整改相关制度，承担审计整改的主体责任，建立职责明确、分工合作的审计整改责任机制，成立审计整改领导小组、工作小组，多部门协同联动做好审计整改工作。根据审计发现问题的分类及定性标准，剖析问题产生的原因，挖掘根源并形成问题清单。制定整改措施清单，明确整改责任落实到人，确定整改时限、目标要求。对应问题清单和整改清单，确定整改完成标准，落实整改工作，在预定时间对整改结果进行验收，对账销号。审计整改部门应在预定的时间撰写整改报告，报告中应明确审计整改部署推进情况、审计发现问题整改情况、持续整改的问题及后续工作安排、审计发现问题整改清单等。报告应由部门负责人审签，并对整改报告内容的真实性和有效性负责。

## （二）审计结果运用

内部审计机构应当加强与内部纪检监察、巡视巡察、组织人事等其他内部监督力量的协作配合，采取信息共享、结果共用、重要事项共同实施、问题整改问责共同落实、移送问题线索等措施。

## （三）整理审计档案

审计人员在审计项目实施结束后，应当及时收集审计档案材料，按照立卷原则和方法进行归类整理、编目装订、组合成卷和定期归档。审计档案材料主要包括以下几类：

1. 立项类材料：审计委托书、审计通知书、审前调查记录、审计方案等；

2. 证明类材料：审计承诺书、审计工作底稿及相应的审计取证单、审计证据等；

3. 结论类材料：审计报告、审计报告征求意见单、相关部门的反馈意见等；

4. 备查类材料：审计项目回访单、相关部门整改反馈意见、与审计项目联系紧密且不属于前3类的其他材料等。

# 第二章 高值医用耗材内部控制测试审计

## 第一节

# 高值医用耗材的范围审计

实施高值医用耗材内部控制测试,首先应明确审计对象,即通过适当的内外部标准和实务标准,确认所审查高值医用耗材的范围;在明确审计对象和范围基础上,审计人员对涉及相关风险进行初步评估,考虑存在重大差错、舞弊、违规和其他风险的可能性,评估所使用标准的适当性,从而进一步确立审计业务目标。

### 一、审计目标

目标1:确认高值医用耗材范围
目标2:确认高值医用耗材符合国家文件要求

### 二、审计依据

1. 国家卫生健康委办公厅关于印发第一批国家高值医用耗材重点治理清单的通知(国卫办医函〔2020〕9号)

2. 关于印发《高值医用耗材集中采购工作规范(试行)》的通知(卫规财发〔2012〕86号)

### 三、审计程序和要点

1. 查阅国家及属地主管部门的高值医用耗材相关文件,结合文件中的高值医用耗材清单以及医院实际管理情况,确定审计对象范围。审计时参考原卫生部等印发的《高值医用耗材集中采购工作规范(试行)》《国家卫生健康委办公厅关于印发第一批国家高值医用耗材重点治理清单的通知》文件要求。

2. 检查医院耗材管理制度中是否清晰界定高值医用耗材的管理范围，其内容是否符合国家文件要求。

**要点提示：**

1. 高值医用耗材主要是相对低值医用耗材而言的，主要是属于医用专科治疗用材料，如心脏介入、外周血管介入、人工关节、其他脏器介入替代等医用材料。2020 年国家卫生健康委医政医管局官网公布"第一批国家高值医用耗材重点治理清单"，共 18 种耗材被列入重点治理清单（见表 2-1）。

表 2-1　　第一批国家高值医用耗材重点治理清单

| 序号 | 耗材名称 | 描述 | 品名举例 |
| --- | --- | --- | --- |
| 1 | 单/多部件金属骨固定器械及附件 | 由一个或多个金属部件及金属紧固装置组成。一般采用纯钛及钛合金、不锈钢、钴铬钼等材料制成 | 金属锁定接骨板、金属非锁定接骨板、金属锁定接骨螺钉等 |
| 2 | 导丝 | 引导导管或扩张器插入血管并定位的柔性器械 | 硬导丝、软头导丝、肾动脉导丝等 |
| 3 | 耳内假体 | 采用不锈钢、钛合金等金属材料和/或聚四氟乙烯等高分子材料制成 | 鼓室成形术假体、镫骨成形术假体、通风管 |
| 4 | 颌面部赝复及修复重建材料及制品 | 由硅橡胶或聚甲基丙烯酸甲酯等组成 | 硅橡胶颌面赝复材料、树脂颌面赝复材料 |
| 5 | 脊柱椎体间固定/置换系统 | 由多种骨板和连接螺钉等组成。一般采用纯钛、钛合金等材料制成 | 颈椎前路固定系统、胸腰椎前路固定系统、可吸收颈椎前路钉板系统 |
| 6 | 可吸收外科止血材料 | 由有止血功能的可降解吸收材料制成<br>无菌提供，一次性使用 | 胶原蛋白海绵、胶原海绵、可吸收止血明胶海绵 |
| 7 | 髋关节假体 | 由髋臼部件和股骨部件组成 | 髋关节假体系统、髋臼假体 |
| 8 | 颅骨矫形器械 | 由外壳、填充材料/垫和固定装置组成<br>一般采用高分子材料制成 | 婴儿颅骨矫形固定器、颅骨成形术材料形成模具 |

续表

| 序号 | 耗材名称 | 描述 | 品名举例 |
|---|---|---|---|
| 9 | 刨骨器 | 骨科手术配套工具。一般采用不锈钢材料制成。非无菌提供 | 刨骨器 |
| 10 | 球囊扩张导管 | 由导管管体、球囊、不透射线标记、接头等结构组成 | 冠状动脉球囊扩张导管、PTCA 导管、PTA 导管 |
| 11 | 托槽 | 采用金属、陶瓷或高分子材料制成。通常带有槽沟、结扎翼，部分带有牵引钩 | 正畸金属托槽、正畸树脂托槽、正畸陶瓷托槽 |
| 12 | 吻合器（带钉） | 由吻合器或缝合器和钉仓（带钉）组成 | 吻合器、切割吻合器、内窥镜吻合器 |
| 13 | 血管支架 | 由支架和/或输送系统组成。支架一般采用金属或高分子材料制成，维持或恢复血管管腔的完整性，保持血管管腔通畅 | 冠状动脉支架、外周动脉支架、肝内门体静脉支架 |
| 14 | 阴茎假体 | 由液囊、液泵阀与圆柱体组成 | 阴茎支撑体 |
| 15 | 植入式神经刺激器 | 由植入式脉冲发生器和附件组成 | 植入式脑深部神经刺激器、植入式脊髓神经刺激器、植入式骶神经刺激器 |
| 16 | 植入式心律转复除颤器 | 由植入式脉冲发生器和扭矩扳手组成。通过检测室性心动过速和颤动，并经由电极向心脏施加心律转复/除颤脉冲对其进行纠正 | 植入式心律转复除颤器、植入式再同步治疗心律复除颤器、植入式皮下心律转复除颤器 |
| 17 | 植入式药物输注设备 | 由输注泵植入体、鞘内导管、附件组成 | 植入式药物泵 |
| 18 | 椎体成形导引系统 | 由引导丝定位、扩张套管、高精度钻、工作套管等组成 | 椎体成形导向系统、椎体成形导引系统、椎体成形术器械 |

2. 审计人员应当遵循国家及属地管理要求，结合医院实际情况及管理模式，确认审计内容。要熟悉并掌握国家及属地相关的法律法规、政策文件和管理规定。这些规定为审计提供了明确的方向和准则，是审计人员开展工作的基础。同时，审计人员还需要关注国家及属地管理要求的更新变化，确保审计工作与时俱进。每个医院的实际情况和管理模式都有所不同，因此审计人员在确认审计内容时，必须充分考虑医院的实际情况。这包括医院的规模、医疗服务特点、耗材使用习惯等多个方面。通过深入了解医院的实际情况，审计人员能够更准确地把握审计的范围，确保审计工作的针对性和有效性。

## 第二节

## 内部机构管理、职能设置和人员管理情况审计

审计人员如果从开始就了解被检查领域或过程的宗旨、愿景、目标、风险偏好、控制环境、治理结构以及风险管理过程，对于制定和实施审计业务事半功倍。审查高值医用耗材应对现有治理结构、内部机构及职能设置情况进行定期梳理，评估设置合理性和运行有效性，及时进行调整、消除存在缺陷，以确保设置科学、机制运行顺畅、控制监督有力。

### 一、审计目标

目标1：确认内部管理机构、职能设置和人员管理符合规定

目标2：确认耗材管理委员会和其他耗材管理机构履职情况

目标3：确认不相容岗位分离情况

目标4：确认授权审批机制

### 二、审计依据

1. 医疗机构医用耗材管理办法（试行）（国卫医发〔2019〕43号）
2. 公立医院内部控制管理办法（国卫财务发〔2020〕31号）
3. 关于进一步加强公立医院内部控制建设的指导意见（财会〔2023〕31号）

### 三、审计程序和要点

通过查阅内部管理机构设置文件，如机构设置批复文书、会议纪要、

工作记录等，检查内部管理机构、职能设置和人员管理情况是否符合规定。查阅岗位设置、岗位职责、轮岗记录等资料，访谈部门负责人及相关人员，了解关键岗位人员管理情况。包括：

1. 是否设立医用耗材管理委员会及其他耗材管理机构并履行其职责，机构内包含部门是否完整；

2. 是否建立健全议事决策机制、岗位责任制、内部监督等机制；

3. 是否指定具体部门作为医用耗材管理部门；

4. 医务部门和耗材管理部门相关职责是否完整、清晰；

5. 是否按照授权权限审批等；

6. 检查不相容岗位是否分离；

7. 是否对从事医用耗材管理相关工作的人员建立培训、评价、轮岗等机制；

8. 工作人员是否具备与管理工作相适应的专业学历、技术职称等；

9. 不具备轮岗条件的是否定期采取专项审计等控制措施。

内部控制机制的建设风险及关键岗位人员管理的风险主要如表2-2和表2-3所示。

表2-2　　　　　　　内部控制机制的建设风险[①]

| | |
|---|---|
| 内部控制制约风险 | 经济活动的决策、执行、监督未相互分离 |
| 决策机制风险 | 部门、岗位的权责不对等；未建立健全集体研究、专家论证和技术咨询相结合的议事决策机制；未建立"三重一大"决策机制；决策事项的标准不明确；决策流于形式 |
| 岗位责任制风险 | 未建立健全岗位责任制；岗位职责、责任设置不合理、不合规；存在不相容岗位职责 |
| 内部监督机制风险 | 未制定内部监督机制；未建立内部监督机构或岗位；内部监督机构或岗位不具有独立性；未开展决策权、执行权监督工作；监督过程流于形式；内部监督中存在徇私舞弊 |

---

[①] 参考来源：G公立医院医用耗材内部控制优化研究。

表 2-3　　　　　　内部控制关键岗位人员管理风险①

| 关键岗位责任制度风险 | 未梳理识别关键岗位；未建立健全关键岗位责任制；未明确各关键岗位职责 |
|---|---|
| 关键岗位认定风险 | 未明确关键岗位人员胜任的资格；关键岗位人员的能力和资格与其工作岗位不匹配；对关键岗位人员没有制定管理要求 |
| 关键岗位人员培训风险 | 未了解关键岗位人员培训需求；未制定关键岗位人员培训计划；培训形式、内容不符合需求；培训过程监控不严格；未对培训效果进行评估 |
| 关键岗位人员评价考核风险 | 未建立关键岗位人员的评价考核机制；未建立关键岗位人员的评价考核指标，或指标设置不合理；对关键岗位人员评价考核流于形式，考核不及时；对关键岗位人员的评价考核结果未加以应用 |
| 关键岗位轮岗风险 | 未建立关键岗位人员轮岗机制和明确轮岗期限、条件等要求 |
| 单位人员的资格和能力风险 | 单位对岗位的资格和能力要求不明确；单位人员不具备胜任的资格和能力；单位人员的资格和能力未能持续提升，不符合单位管理与业务发展要求 |

**要点提示：**

1. 医用耗材管理委员会由具有高级技术职务任职资格的相关临床科室、药学、医学工程、护理、医技科室人员以及医院感染管理、医用耗材管理、医务管理、财务管理、医保管理、信息管理、纪检监察、审计等部门负责人组成。

2. 医用耗材管理委员会职责：

（1）贯彻执行医疗卫生及医用耗材管理等有关法律、法规、规章，审核制定本机构医用耗材管理工作规章制度，并监督实施；

（2）建立医用耗材遴选制度，审核本机构科室或部门提出的新购入医用耗材、调整医用耗材品种或者供应企业等申请，制订本机构的医用耗材供应目录；

（3）推动医用耗材临床应用指导原则的制订与实施，监测、评估本机构医用耗材使用情况，提出干预和改进措施，指导临床合理使用医用耗材；

（4）分析、评估医用耗材使用的不良反应及医用耗材质量安全事件，

---

① 参考来源：G 公立医院医用耗材内部控制优化研究。

并提供咨询与指导；

（5）监督、指导医用耗材的临床使用与规范化管理；

（6）负责对医用耗材的临床使用进行监测，对重点医用耗材进行监控；

（7）对医务人员进行有关医用耗材管理法律法规、规章制度和合理使用医用耗材知识教育培训，向患者宣传合理使用医用耗材知识；

（8）与医用耗材管理相关的其他重要事项。

**『审计问题示例 2-1』**

问题定性：机构、职能设置不健全。

问题描述：

1. 医院未成立医用耗材管理委员会；

2. 医院医用耗材管理委员会成员构成不完整，缺少信息管理、纪检监察、审计部门负责人。

法规依据：《医疗机构医用耗材管理办法（试行）》（国卫医发〔2019〕43号）第七条，"二级以上医院应当设立医用耗材管理委员会……医用耗材管理委员会由具有高级技术职务任职资格的相关临床科室、药学、医学工程、护理、医技科室人员以及医院感染管理、医用耗材管理、医务管理、财务管理、医保管理、信息管理、纪检监察、审计等部门负责人组成。"

审计建议：建议医院加强高值医用耗材管理，完善机构设置，配齐医用耗材管理委员会相关人员。

**『审计问题示例 2-2』**

问题定性：部门职责及不相容岗位未有效分离和实施。

问题描述：医院 2021 年度高值医用耗材医用耗材手术室二级库管理、耗材使用的监测与评价工作均由采购中心负责。

法规依据：《医疗机构医用耗材管理办法（试行）》（国卫医发〔2019〕43号）第五条，"医疗机构应当指定具体部门作为医用耗材管理部门，负责医用耗材的遴选、采购、验收、存储、发放等日常管理工作；指定医务管理部门，负责医用耗材的临床使用、监测、评价等专业技术服务日常管理工作。"《公立医院内部控制管理办法》（国卫财务发〔2020〕31

号)第二十三条,"医院应当按照分事行权、分岗设权、分级授权的原则,在职责分工、业务流程、关键岗位等方面规范授权和审批程序,确保不相容岗位相互分离、相互制约、相互监督,规范内部权力运行,建立责任追究制度。"

审计建议:建议医院厘清医用耗材管理部门和医务部门各自管理耗材的职责范围,建议医院加强高值医用耗材岗位的人员合理配置,确保不相容岗位得到有效分离,完善内部控制管理。

## 第三节

## 高值医用耗材管理制度建设和执行情况审计

高值医用耗材管理制度建设,主要体现为医院高值医用耗材在耗材采购、库存管理、收退费管理、财务管理、使用评价等。内部管理制度是否健全,是否按照上级相关政策要求及时更新,是否体现医院内部管理需求和控制要求,在实践工作中是否得到有效执行等。审计人员应当对法律、法规、政策、程序及合同的遵循情况做出评估,审查被检查活动的治理、风险管理和控制过程的适当性、有效性,寻求作出重大改进的可能性,确保将可能存在的重大风险以及风险潜在影响控制在可接受的水平下。

### 一、审计目标

目标1:确认高值医用耗材相关管理制度合规、健全
目标2:确认相关法律法规规章的执行情况
目标3:确认医院制度执行有效性

### 二、审计依据

1. 医疗机构医用耗材管理办法(试行)(国卫医发〔2019〕43号)

2. 治理高值医用耗材改革方案（国办发〔2019〕37号）

### 三、审计程序和要点

查阅医院制定的医用耗材管理相关制度文件、业务流程、内部控制评价报告等资料，检查制度的合规性、健全性。包括：

1. 医院是否建立医用耗材遴选、采购、库存、收费、财务、信息化建设、使用评价等制度，制度内容是否符合国家及属地化管理的相关制度要求；

2. 制度中是否明确了审核审批事项的管理权限及流程，授权审批是否符合内部控制要求；

3. 根据制度内容进行穿行测试，检查制度执行有效性。

内部管理制度风险主要内容如表2-4所示。

表2-4　　　　　　　　内部管理制度风险[①]

| | |
|---|---|
| 内部管理制度建设风险 | 内部管理制度缺失；内部管理制度不完善，可操作性不强；内部管理制度不合规，不符合上级要求；内部管理制度与内部控制要求不符；内部管理制度未及时修订，与实际情况不符；内部管理制度之间冲突、不一致 |
| 内部管理制度执行风险 | 未进行内部管理制度宣传培训；执行人员不执行内部管理制度，或执行力度不够 |

**要点提示：**

《医疗机构医用耗材管理办法（试行）》（国卫医发〔2019〕43号）中要求建立的制度如下：

1. 医用耗材管理委员会建立医用耗材遴选制度，审核本机构科室或部门提出的新购入医用耗材、调整医用耗材品种或者供应企业等申请，制订本机构的医用耗材供应目录。

2. 医疗机构应当遴选建立本机构的医用耗材供应目录，并进行动态管理。

3. 医疗机构应当建立医用耗材验收制度，由验收人员验收合格后方可

---

① 参考来源：G公立医院医用耗材内部控制优化研究。

入库。

4. 医疗机构应当建立医用耗材定期盘点制度。由医用耗材管理部门指定专人，定期对库存医用耗材进行盘点，做到账物相符、账账相符。

5. 医疗机构应当建立医用耗材出库管理制度。医用耗材出库时，发放人员应当对出库的医用耗材进行核对，确保发放准确，产品合格、安全和有效。出库时，应当按照剩余效期由短至长顺序发放。

6. 医疗机构应当建立医用耗材临床应用登记制度，使医用耗材信息、患者信息以及诊疗相关信息相互关联，保证使用的医用耗材向前可溯源、向后可追踪。

7. 医疗机构应当建立医用耗材临床应用质量安全事件报告、不良反应监测、重点监控、超常预警和评价制度，对医用耗材临床使用安全性、有效性和经济性进行监测、监控、分析、评价，对医用耗材应用行为进行点评与干预。

8. 医疗机构应当建立医用耗材超常使用预警机制，对超出常规使用的医用耗材，要及时进行预警，通知相关部门和人员。

☞小贴士：

治理高值医用耗材改革方案内容聚焦在四个方面：

促降价。通过"编码可比对，平台全透明，销售零差率，准入管一批，招采降一批，支付标准规范一批"等举措理顺价格形成机制，降低虚高价格。

防滥用。严格行业管理、医保管理和医院自我管理，综合整治高值医用耗材过度使用等乱象。

严监管。建立多部门联合响应的违法违纪违规查处机制，强化对生产、流通、使用各个环节的监督管理。

助发展。通过加大财政投入，合理调整医疗服务价格，深化支付方式改革，完善薪酬制度等，合理体现医务人员的技术劳务价值。

『审计问题示例 2–3』

问题定性：高值医用耗材管理制度不健全、执行不到位。

问题描述：医院未建立医用耗材临床应用登记制度；同时，医院高值医用耗材管理办法界定高值医用耗材的标准为植入介入材料、人工器官、植入体内或长期接触体内的眼科光学器具、可吸收类材料、止血防粘连材料,以及用于心脏治疗、起搏等高风险耗材及单价超过1 000元的耗材,实际执行过程中存在单价超1 000元但全年用量较低未纳入高值医用耗材管理的情况,如:一次性使用静脉插管,单价0.7万元,全年用量30个,未纳入高值医用耗材管理;手术室实际使用过程中存在患者未使用耗材但未及时办理退库的情况,且缺少该方面制度约束。

**法规依据:**《医疗机构医用耗材管理办法(试行)》(国卫医发〔2019〕43号)第十一条,"医疗机构应当建立健全医用耗材管理相应的工作制度、操作规程和工作记录,并组织实施。"第三十九条,"医疗机构应当建立医用耗材临床应用登记制度。"

**审计建议:**建议医院建立健全高值医用耗材管理相关的工作制度,并按相关制度有效执行。

## 第四节

## 信息化建设情况审计

高值医用耗材的信息化建设,主要是指医院按照信息化建设相关标准规范,将高值医用耗材的内部控制流程和要求嵌入信息系统,同时实现资产、计价、收费等主要信息系统之间的互联互通、信息共享和业务协同,并采取有效措施强化信息系统安全等。审计人员有必要充分了解关键信息技术风险和控制,利用可获得的信息化技术方法,从宏观层面评估组织信息技术治理是否支持相应的组织战略和目标,从微观层面审查支持高值医用耗材业务管理、治理以及针对信息技术基础设施的各类信息技术控制措施。

## 一、审计目标

目标1：确认医院对高值医用耗材管理流程的信息化覆盖情况

目标2：确认高值医用耗材各管理系统间的关联性

## 二、审计依据

1. 医疗机构医用耗材管理办法（试行）（国卫医发〔2019〕43号）
2. 医疗机构内部价格行为管理规定（国卫财务发〔2019〕64号）
3. 公立医院内部控制管理办法（国卫财务发〔2020〕31号）

## 三、审计程序和要点

1. 访谈医院信息管理部门及高值医用耗材管理系统使用部门人员，查看耗材管理系统及其他相关信息系统，如物价管理系统、HIS系统、财务结算系统等，查阅内部控制手册、内部控制评价报告等资料，了解医院高值医用耗材的信息化建设以及使用情况。

2. 检查是否建立耗材管理系统，是否可以实现管理流程的全覆盖；是否将耗材管控的内部控制流程和关键点嵌入信息系统中；对于信息系统管理使用的内部控制是否安全、有效，是否设立不相容岗位账户，明确操作权限。

3. 耗材信息管理系统是否与其他相关信息系统进行关联，实现互联互通、信息共享。

**要点提示：**

1. 医院管理信息系统（全称为Hospital Information System），即HIS系统。常规模板包括门诊管理、住院管理、药房管理、药库管理、电子处方、物资管理等，为医院管理提供更有力的保障。

HIS系统以财务信息、患者信息和物资信息为主线，通过对信息的收集、存储、传递、统计、分析、综合查询、报表输出和信息共享，及时为医院领导及各部门管理人员提供全面、准确的各类数据。

2. HRP（Hospital Resource Planning，医院资源规划）是医院引入

ERP（Enterprise Resource Planning，企业资源计划）的成功管理思想和技术，融合现代化管理理念和流程，整合医院已有信息资源，创建一套支持医院整体运行管理的统一高效、互联互通、信息共享的系统化医院资源管理平台。帮助医院实现"人财物""医教研""护药技"的管理科学化、规范化和精细化。

3.《医疗机构医用耗材管理办法（试行）》要求医疗机构建立医用耗材管理信息系统，并覆盖遴选、采购、验收、入库、储存、盘点、申领、出库、临床使用、质量安全事件报告、不良反应监测、重点监控、超常预警、点评等各环节，实现每一医用耗材的全生命周期可溯源。

『审计问题示例 2-4』

问题定性：医院信息系统之间未实现互联互通。

问题描述：医院 HRP 物资系统的编码与 HIS 收费系统的耗材编码不一致，无法精准匹配对应，无法实时监控、追溯高值医用耗材使用情况。

法规依据：《医疗机构医用耗材管理办法（试行）》（国卫医发〔2019〕43号）第五十三条，"医疗机构耗材管理信息系统应当与医疗机构其他相关信息系统整合，做到信息互联互通。"

《医疗机构内部价格行为管理规定》（国卫财务发〔2019〕64号）第二十一条，"医疗机构应当建立健全价格管理信息化制度，明确相关部门和岗位的职责与权限，确保软件系统操作与维护数据的准确性、完整性、规范性与安全性。"

审计建议：建议医院完善信息系统，推进高值医用耗材收费系统与物资管理系统间的互联互通。

# 第三章 高值医用耗材采购管理情况审计

## 第一节

## 新耗材准入审计

2019年6月,国家医保局、财政部、国家卫生健康委、国家中医药管理局联合发布了《关于印发按疾病诊断相关分组(DRG, Diagnosis Related Groups)付费国家试点城市名单的通知》(医保发〔2019〕34号),DRG付费模式由此正式进入我国医院。2020年,国家医疗保障局办公室发布《区域点数法总额预算和按病种分值付费试点工作方案》(医保办发〔2020〕45号),DIP(Diagnosis – Intervention Packet)付费模式启动。2019年9月,国家卫生健康委、国家中医药管理局联合发布《医疗机构医用耗材管理办法(试行)》(国卫医发〔2019〕43号),规定医院应成立医用耗材管理委员会,"按照合法、安全、有效、适宜、经济的原则"建立院内遴选制度,规范医疗机构医用耗材管理。同时,2021年发布的《医疗器械临床使用管理办法》(国家卫生健康委员会令第8号)提出,医疗机构应当建立医疗器械临床使用技术评估与论证制度并组织实施,开展技术需求分析和成本效益评估,确保医疗器械满足临床需求,以及医疗机构及其医务人员临床使用医疗器械应当遵循安全、有效、经济的原则。2022年国家卫生健康委办公厅印发的《国家三级公立医院绩效考核操作手册(2022版)》(国卫办医函〔2022〕92号)也明确提出"重点监控高值医用耗材收入占比"这一指标。

在高值医用耗材精细化管理中,耗材的遴选准入是一个重要的环节。高值医用耗材种类繁多、型号复杂,产品更新迭代快,在国家各项医用耗材管理制度的要求下,在DRG/DIP付费模式下,需要通过合规、科学的耗材遴选管理来确保医用耗材的安全有效使用,控制医院费用的不合理增长,降低医疗费用,减轻患者负担。

## 一、审计目标

目标 1：确认新耗材准入记录文件完整性

目标 2：确认新耗材准入审核、审批合规

目标 3：确认准入耗材品目符合准入要求

## 二、审计依据

医疗机构医用耗材管理办法（试行）（国卫医发〔2019〕43 号）

## 三、审计程序和要点

1. 调阅新耗材遴选准入的相关管理制度文件，查看是否设立新耗材准入申请要求、流程以及申请耗材的品目、数量；是否明确归口管理部门及职责；是否规定准入申请审核、论证、审批流程及各环节审核审批权限。

2. 调阅科室申请、决策资料、医用耗材管理委员会及其他耗材管理机构会议纪要、准入论证资料、准入审核审批的结果资料等，查看申请科室填写内容是否完整，如：申请科室、耗材名称、是否收费、申请理由、院内已有同类耗材的情况、集采平台同类耗材情况等信息，审计人员可据此判断论证及审核的充分性；查看申请科室对申请耗材事项的集体讨论会议记录，检查是否已通过科室集体决策；查看申请表单中各归口管理部门的审核意见，检查是否按照制度要求审核把关，如：医保物价部门、耗材管理部门、院感部门、医务部门等；查看论证记录，检查参与论证人员组成、论证流程及论证结果的确定程序是否符合医院制度要求，论证内容是否充分，是否遵循"合法、安全、有效、适宜、经济"的原则；查看医用耗材管理委员会会议纪要，检查耗材准入审批是否经集体决策、记录是否完整。

3. 查阅当地省、市医用耗材集中采购平台信息，对比高值医用耗材准入品目与集中采购平台中品目内容，检查是否为平台目录中品目，若为平台目录外品目，审计人员应加强对于遴选准入过程的关注，对于准入的必要性、经济性给予充分的考量。

**要点提示：**

1. 会议纪要是会议记录的重要部分，它是会议的一个重要输出，也是与会者间互相了解会议内容和决策的一种工具。会议纪要应该包含以下基本要素：

会议的基本信息：包括会议名称、时间、地点、主持人、记录人等信息；

与会人员：列出与会者的姓名和职务，以及缺席者的名称；

议程安排：对会议讨论的主要议题进行罗列，每个议题应该注明讨论的时间和持续时间；

决策和行动：列出会议中所做出的决策和行动项，并注明具体的责任人和完成时间；

问题和建议：记录会议中所提出的问题和建议，并注明是否需要进一步研究和讨论；

会议记录的附加材料：如会议演示文稿、会议发言稿等附加材料，应该在会议纪要中进行简要的概括和注释。

2. 耗材遴选原则：

查看医用耗材准入是否遵循公开透明的原则，最大限度满足临床需求；是否优先考虑临床常用规格，兼顾特殊人群（老人、孕妇、儿童）安全性。

涉及在用同类或同种医用耗材比较时，是否综合考虑了医用耗材安全质量，生产企业规模、价格、品牌等因素。新申请准入的高值医用耗材应较现有同类型耗材在质量、价格等方面有明显的优越性，或为开展临床诊疗新技术项目、医学研究所需的耗材。

☞小贴士：

1. 疾病诊断相关分组（Diagnosis Related Groups，DRG）是用于衡量医疗服务质量效率以及进行医保支付的一个重要工具。DRG 实质上是一种病例组合分类方案，即根据年龄、疾病诊断、合并症、并发症、治疗方式、病症严重程度及转归和资源消耗等因素，将患者分入若干诊断组进行管理的体系。

"疾病诊断相关分组"正式诞生于 20 世纪 60 年代末的美国。美国率先将 DRG 用于医疗保险定额支付，现今多数发达国家社会医疗保险都采用这一工具进行预算、资源配置管理或购买医疗服务。从本质上讲，DRG 既能用于支付管理，也能用于预算管理，还能用于质量管理，是一套"医疗管理的工具"。

国内20世纪80年代末就出现了DRG相关的介绍，并开始了DRG的初步研究。经过20余年的发展，开始DRG支付方式改革，替代目前使用的按项目付费，能够使医、保、患三方达到共识，各自利益最大化。从而建立以患者为中心、使医保管理部门和医疗机构实现医保购买谈判、财务收支平衡，调动广大医务人员的积极性，优化临床路径、规范诊疗行为、提高服务效率，促进医疗卫生事业可持续发展。

2. 按病种分值付费（Diagnosis – Intervention Packet，DIP）是利用大数据优势所建立的完整管理体系，发掘"疾病诊断＋治疗方式"的共性特征对病案数据进行客观分类，在一定区域范围的全样本病例数据中形成每一个疾病与治疗方式组合的标化定位，客观反映疾病严重程度、治疗复杂状态、资源消耗水平与临床行为规范，可应用于医保支付、基金监管、医院管理等领域。在总额预算机制下，根据年度医保支付总额、医保支付比例及各医疗机构病例的总分值计算分值点值。医保部门基于病种分值和分值点值形成支付标准，对医疗机构每一病例实现标准化支付，不再以医疗服务项目费用支付。

3. 医用耗材准入遴选流程图（供参考，见图3-1）

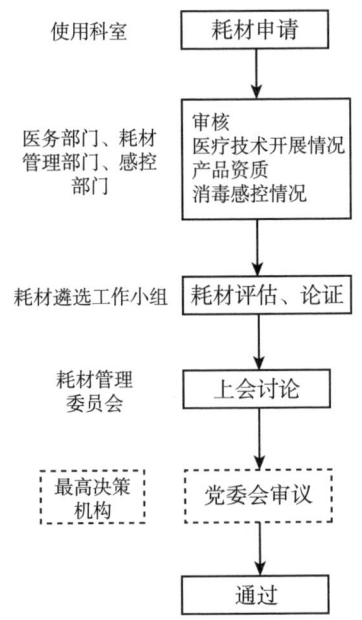

图3-1 医用耗材准入耗材遴选流程图

『审计问题示例 3-1』

问题定性：高值医用耗材准入遴选不合规。

问题描述：医院医用耗材新品申请材料"内固定系列板"（审批编号：1052，单价5 000元，首次采购量：5个）附件资料不完备，未提供相关单价依据与供应商比选材料，涉及金额2.5万元。该遴选材料的规格型号、功能、参数等信息不明，其准入论证资料内未说明该耗材的合理市场价格，采购市场定价依据不充分。

法规依据：《医疗机构医用耗材管理办法（试行）》（国卫医发〔2019〕43号）第十二条，"医用耗材管理部门按照合法、安全、有效、适宜、经济的原则，遴选出本机构需要的医用耗材及其生产、经营企业名单，报医用耗材管理委员会批准，形成供应目录。"

审计建议：建议医院完善耗材遴选资料且依据充分，切实符合临床使用需求，完善遴选结果审批程序。

## 第二节 高值医用耗材供应商管理情况审计

随着我国医疗卫生事业不断进步，医疗卫生体制改革不断深化，各省、市以及国家医用耗材的集中采购逐渐开展，在医用耗材集中带量采购模式的大背景下，医院医用耗材的采购主要依托阳光采购平台，而招采平台的管理更多关注的是耗材价格水平，对供应商的服务质量和产品质量的管控需进一步提升。然而，供应商提供医用耗材的品质、价格、售后服务以及对医院相关政策的支持及配合能力将直接影响医用耗材的需求供给、临床使用以及患者安全，因此对于医用耗材供应商及其提供产品的资质、质量、服务的管理，以及对供应商的评价，都是医用耗材管理的重要内容。

## 一、审计目标

目标 1：确定供应商及产品资质合法合规性

目标 2：确定供应商及产品变动依据完整性、充分性

## 二、审计依据

1. 医疗器械监督管理条例（国务院令第 739 号）
2. 医疗器械生产监督管理办法（国家市场监督管理总局令第 53 号）

## 三、审计程序和要点

1. 调阅医院高值医用耗材管理制度，查看制度中是否包含对高值医用耗材供应商及产品资质的要求、资质审核流程；是否明确了归口管理部门、职责以及工作流程；是否对供应商及产品变动事项规定了审批流程、审批权限。

2. 查阅供应目录，根据目录中所列示的内容调取高值医用耗材供应商的医疗器械经营企业许可证、企业法人营业执照、授权代理证明、产品注册证及附页等资料，检查供应商及产品的各项资质证照是否在有效期内；检查供应商的经营许可资质与所销售的高值医用耗材类别是否一致；生产厂商授权供应商的代理资料是否有效、完备。

3. 调阅供应商及产品调整资料，包括：供应商发出的调整通知、医院的调整审批资料及通知等，检查调整流程、审批流程是否符合医院制度规定；检查各项调整资料是否完整、审批是否有效。

4. 在查看高值医用耗材的出入库登记资料、HIS 系统中的患者收费记录以及财务结算资料时，要将审计抽取的耗材品目所对应的供应商信息与供应目录中的供应商登记信息进行核对，检查其一致性。

要点提示：

1. 第一类医疗器械实行产品备案管理，第二类、第三类医疗器械实行产品注册管理。医疗器械注册人、备案人应当加强医疗器械全生命周期质

量管理，对研制、生产、经营、使用全过程中医疗器械的安全性、有效性依法承担责任。第一类医疗器械产品备案和申请第二类、第三类医疗器械产品注册，应当提交下列资料：

（1）产品风险分析资料；

（2）产品技术要求；

（3）产品检验报告；

（4）临床评价资料；

（5）产品说明书以及标签样稿；

（6）与产品研制、生产有关的质量管理体系文件；

（7）证明产品安全、有效所需的其他资料。

产品检验报告应当符合国务院药品监督管理部门的要求，可以是医疗器械注册申请人、备案人的自检报告，也可以是委托有资质的医疗器械检验机构出具的检验报告。医疗器械注册申请人、备案人应当确保提交的资料合法、真实、准确、完整和可追溯（《医疗器械监督管理条例》国务院令第739号）。

2. 从事医疗器械生产活动，应当具备下列条件：

（1）有与生产的医疗器械相适应的生产场地、环境条件、生产设备以及专业技术人员；

（2）有能对生产的医疗器械进行质量检验的机构或者专职检验人员以及检验设备；

（3）有保证医疗器械质量的管理制度；

（4）有与生产的医疗器械相适应的售后服务能力；

（5）符合产品研制、生产工艺文件规定的要求。

从事第一类医疗器械生产的，应当向所在地设区的市级人民政府负责药品监督管理的部门备案，在提交符合该条例第三十条规定条件的有关资料后即完成备案。

医疗器械备案人自行生产第一类医疗器械的，可以在依照该条例第十五条规定进行产品备案时一并提交符合该条例第三十条规定条件的有关资料，即完成生产备案。

从事第二类、第三类医疗器械生产的，应当向所在地省、自治区、直辖市人民政府药品监督管理部门申请生产许可并提交其符合该条例第三十条规定条件的有关资料以及所生产医疗器械的注册证。

受理生产许可申请的药品监督管理部门应当对申请资料进行审核，按照国务院药品监督管理部门制定的医疗器械生产质量管理规范的要求进行核查，并自受理申请之日起 20 个工作日内作出决定。对符合规定条件的，准予许可并发给医疗器械生产许可证；对不符合规定条件的，不予许可并书面说明理由。

医疗器械生产许可证有效期为 5 年。有效期届满需要延续的，依照有关行政许可的法律规定办理延续手续（《医疗器械监督管理条例》国务院令第 739 号）。

3. 从事医疗器械经营活动，应当有与经营规模和经营范围相适应的经营场所和贮存条件，以及与经营的医疗器械相适应的质量管理制度和质量管理机构或者人员。

从事第二类医疗器械经营的，由经营企业向所在地设区的市级人民政府负责药品监督管理的部门备案并提交符合该条例第四十条规定条件的有关资料。

按照国务院药品监督管理部门的规定，对产品安全性、有效性不受流通过程影响的第二类医疗器械，可以免于经营备案。

从事第三类医疗器械经营的，经营企业应当向所在地设区的市级人民政府负责药品监督管理的部门申请经营许可并提交符合该条例第四十条规定条件的有关资料。

受理经营许可申请的负责药品监督管理的部门应当对申请资料进行审查，必要时组织核查，并自受理申请之日起 20 个工作日内作出决定。对符合规定条件的，准予许可并发给医疗器械经营许可证；对不符合规定条件的，不予许可并书面说明理由。

医疗器械经营许可证有效期为 5 年。有效期届满需要延续的，依照有关行政许可的法律规定办理延续手续（《医疗器械监督管理条例》国务院令第 739 号）。

4. 医疗器械经营企业、使用单位应当从具备合法资质的医疗器械注册人、备案人、生产经营企业购进医疗器械。购进医疗器械时，应当查验供货者的资质和医疗器械的合格证明文件,建立进货查验记录制度。从事第二类、第三类医疗器械批发业务以及第三类医疗器械零售业务的经营企业,还应当建立销售记录制度。

记录事项包括:

(1) 医疗器械的名称、型号、规格、数量;

(2) 医疗器械的生产批号、使用期限或者失效日期、销售日期;

(3) 医疗器械注册人、备案人和受托生产企业的名称;

(4) 供货者或者购货者的名称、地址以及联系方式;

(5) 相关许可证明文件编号等。

进货查验记录和销售记录应当真实、准确、完整和可追溯,并按照国务院药品监督管理部门规定的期限予以保存。国家鼓励采用先进技术手段进行记录(《医疗器械监督管理条例》国务院令第739号)。

☞小贴士:

1. 医疗器械经营企业许可证,是指经营医疗器械(单独或者组合使用于人体的仪器、设备、器具、材料或者其他物品,包括所需要的软件)所需要的证件。

2. 营业执照是工商行政管理机关发给工商企业、个体经营者的准许从事某项生产经营活动的凭证。其格式由国家市场监督管理总局统一规定。其登记事项为:名称、地址、负责人、资金数额、经济成分、经营范围、经营方式、从业人数、经营期限等。营业执照分正本和副本,二者具有相同的法律效力。

3. 授权代理是代理人与被代理人之间通过授权确立的代理。授权必须以书面形式进行。授权代理的代理范围以书面的授权书确定,代理人只能在代理权权限范围内实施民事行为。在代理过程中,代理人必须向民事交易中的第三人告知自己的代理权限范围。

4. 医疗器械产品注册证,是指依照法定程序,对拟上市销售、使用的医疗器械的安全性、有效性进行系统评价,以决定是否同意其销售、使用的过程所办理的证件。它分为境内医疗器械注册和境外医疗器械注册,境外的医疗器械不管是一类、二类、三类都要到国家食品药品监督管理局办理：境内的一、二类医疗器械在当地的省或市食品药品监督管理局办理，三类的到国家食品药品监督管理局办理。

『审计问题示例 3-2』

问题定性：供应商证件审查控制未有效执行。

问题描述：医院存在部分高值医用耗材供应商的"医疗器械产品注册证"过期情况。例如：人工骨关节的供应商遴选日期为 2022 年 5 月 1 日，"医疗器械生产产品登记表"许可证有效期限至 2022 年 2 月 1 日。医院与该供应商采购议价后，供应商才提供更新的"医疗器械生产产品登记表"许可证，有效期限至 2026 年 1 月 11 日。

法规依据：《医疗器械监督管理条例》（国务院令第 739 号）第四十五条，"医疗器械经营企业、使用单位应当从具备合法资质的医疗器械注册人、备案人、生产经营企业购进医疗器械。"

审计建议：医院要加强对供应商的医疗器械经营企业许可证、企业法人营业执照、授权代理证明、产品注册证资质的审查，加强对供应商准入过程有效审核。

## 第三节

## 医用耗材供应目录管理情况审计

医用耗材具有品种繁多、规格型号各异、命名规则不统一等特性，使得供应目录条目数量众多，给耗材的遴选、准入、采购、领用、统计、监管以及分析等管理工作带来了挑战。医用耗材供应目录的科学管理能够使管理人员更清晰地了解医用耗材的各项信息以及消耗的医用耗材结构组成，如低值普通材料、高值医用耗材、化验材料、影像材料的占比，为医用耗材的使用、管理和优化提供客观的数据支持，为成本效益分析提供历史数据，进而提高医院的运营管理。同时，对于医用耗材供应目录需要进行动态管理。

## 一、审计目标

目标1：确认医用耗材供应目录的信息完整性和准确性

目标2：确认医用耗材供应目录是否进行动态管理

目标3：确认医用耗材供应目录范围合规性

## 二、审计依据

1. 医疗机构医用耗材管理办法（试行）（国卫医发〔2019〕43号）

2. 国家卫生健康委办公厅关于印发第一批国家高值医用耗材重点治理清单的通知（国卫办医函〔2020〕9号）

## 三、审计程序和要点

1. 调阅高值医用耗材管理制度，查看是否包含了耗材供应目录内耗材信息的设置内容要求；是否明确了供应目录的维护、管理部门及人员；是否明确了岗位职责及工作流程；是否规定了供应目录动态管理的要求，以及动态管理的方法、流程、审批权限等。

2. 查阅医院高值医用耗材供应目录及配送商目录，检查其中包含信息是否完整、准确，例如：产品编码、产品名称、规格、型号、计量单位、生产企业、供应商和价格等信息内容。

3. 关注高值医用耗材编码与医院物价目录库中的高值医用耗材编码是否一致，若不一致，是否可做对照关联，进而保证审计人员能够做出准确的判断。同时，审计人员可关注被审计部门的信息化管理程度。

4. 若医院使用多家配送商，检查配送商目录内登记信息与实际配送公司的一致性。

5. 通过访谈高值医用耗材供应目录管理人员，了解供应目录调整情况；调阅抽样高值医用耗材的供应商及产品各项信息，与所提供的供应目录进行核对，检查是否为供应目录中所列示内容。若内容不一致，需要进一步查找原因，分析是否存在供应目录调整不及时的情况。调阅供应目录调整申请、审批等资料，检查调整事项是否符合调整要求，如：申请理由的充分性、调整资料及内容的完整性等；检查供应目录调整、审批流程是否符合制度规定。

6. 查阅国家或省市医用耗材集中采购系统中的目录，检查对于实行阳光采购和各级医疗保障部门组织的集中带量采购的高值医用耗材，医院高值医用耗材供应目录中的此类品目是否从中遴选。

**要点提示：**

1. 医院应当对高值医用耗材合理分类，确定本机构的高值医用耗材供应目录内容，包括：产品编码、产品名称、规格、型号、计量单位、生产企业、供应商和价格等。

2. 医疗机构应当遴选建立本机构的医用耗材供应目录，并进行动态管理。医用耗材管理部门按照合法、安全、有效、适宜、经济的原则，遴选出本机构需要的医用耗材及其生产、经营企业名单，报医用耗材管理委员会批准，形成供应目录。供应目录应当定期调整，调整周期由医用耗材管理委员会规定。纳入供应目录的医用耗材应当根据国家药监局印发的《医疗器械分类目录》明确管理级别，为Ⅰ级、Ⅱ级和Ⅲ级。医疗机构应当从已纳入国家或省市医用耗材集中采购目录中遴选本机构供应目录。确需从集中采购目录之外进行遴选的，应当按照有关规定执行。医疗机构应当加强供应目录涉及供应企业数量管理，统一限定纳入供应目录的相同或相似功能医用耗材供应企业数量（《医疗机构医用耗材管理办法（试行）》国卫医发〔2019〕43号）。

☞**小贴士：**

1. 高值医用耗材参考目录（见表3-1）

表3-1　　　　　　　　高值医用耗材参考目录

| 类别 | 包括但不限于以下品目 |
| --- | --- |
| 血管介入类<br>涉及：冠状动脉、结构性心脏病、先天性心脏病、周围血管等 | 导管、导丝、球囊、支架及辅助材料 |

续表

| 类别 | 包括但不限于以下品目 |
|---|---|
| 非血管介入类<br>涉及：气管、消化道（食管、肠道、胆道、胰腺）、膀胱、直肠等 | 导管、导丝、球囊、支架、各种内窥镜涉及的材料 |
| 骨科植入<br>涉及：脊柱、关节、创伤等 | 人工关节（椎体、椎板），固定板（钉、针、架、棒、钩），人工骨、修补材料等 |
| 神经外科 | 颅内植入物、填充物等 |
| 电生理类 | 标测导管、消融导管等 |
| 起搏器类<br>涉及：心脏、膀胱等 | 永久、临时、起搏导管、心脏复律除颤器、起搏导线等 |
| 体外循环及血液净化 | 人工心肺辅助材料、透析管路、滤器、分离器、附件等 |
| 眼科材料 | 晶体、眼内填充物等 |
| 口腔科 | 印膜、种植、颌面创伤修复、口腔充填、根管治疗、粘接、义齿、正畸、矫治等材料 |
| 其他 | 人工瓣膜、人工补片、人工血管、高分子材料等 |

2. 供应目录（供参考，见表3－2）

表3－2　　　　　医用耗材供货目录表

| 序号 | 物料编码 | 物料名称 | 医保编码 | 物料分类名称 | 规格 | 型号 | 主计量单位 | 生产厂商 | 管理类别 | 是否植入类 | 是否国产 | 包装量 | 是否单收费 | 供应商 | 单价 | 是否集采 |
|---|---|---|---|---|---|---|---|---|---|---|---|---|---|---|---|---|
|  |  |  |  |  |  |  |  |  |  |  |  |  |  |  |  |  |
|  |  |  |  |  |  |  |  |  |  |  |  |  |  |  |  |  |
|  |  |  |  |  |  |  |  |  |  |  |  |  |  |  |  |  |
|  |  |  |  |  |  |  |  |  |  |  |  |  |  |  |  |  |

『审计问题示例3－3』

问题定性：高值医用耗材范围界定不合规、不清晰。

问题描述：根据医院提供的普通耗材出库明细及供应目录，抽查发现部分属于重点治理清单中的高值医用耗材仍作普通耗材管理。医院共涉及此问题高值医用耗材品种4个，包括医用胶原蛋白海绵（25mm×25mm×

5mm）、外科术中止血材料（消融电极）（SM-ZXDJ-C1）、通风管（1016011）、通风管（1028026），出库金额合计316.7万元。

法规依据：《国家卫生健康委办公厅关于印发第一批国家高值医用耗材重点治理清单的通知》（国卫办医函〔2020〕9号）。

审计建议：建议医院按照国家法律法规的要求，梳理高值医用耗材管理范围，加强对高值医用耗材的重点管理。

**『审计问题示例3-4』**

问题定性：供应目录管理不健全。

问题描述：医院高值医用耗材信息系统中发现目录内供应商部分高值医用耗材备案证登记错误。例如扫描定位杆，属于第一类医疗器械，备案证登记结束日期为2021年12月1日。截至2022年6月1日，该耗材退出供应目录时信息仍未更新。同时，医院耗材管理委员会也未规定供应目录的调整周期。

法规依据：《医疗机构医用耗材管理办法（试行）》（国卫医发〔2019〕43号）第十二条，"医疗机构应当遴选建立本机构的医用耗材供应目录，并进行动态管理……供应目录应当定期调整，调整周期由医用耗材管理委员会规定。"

审计建议：建议医院及时更新供应目录，并进行动态管理，耗材管理委员会应明确供应目录调整周期，完善医院高值医用耗材管理制度内容。

**『审计问题示例3-5』**

问题定性：供应目录外采购。

问题描述：医院2021年4月10日召开医院耗材招标议价遴选会议，选定甲贸易公司为其供应商，采购商品为一次性手术用具，单价1.00万元/套，但采购记录显示，2021年10月及以后，该商品供应商为乙医疗器械有限公司，2021年累计采购数量100套，采购金额100.00万元，且供应目录中该采购商品供应商中未有乙医疗器械有限公司。该医院存在供应目录外采购的事项。

法规依据：《医疗机构医用耗材管理办法（试行）》（国卫医发〔2019〕43

号）第十二条，"医疗机构应当遴选建立本机构的医用耗材供应目录，并进行动态管理……供应目录应当定期调整，调整周期由医用耗材管理委员会规定。"

审计建议：建议医院严格按照耗材管理相关规定对供应商的变更进行审核、审批，及时更新供应目录，并进行动态管理，目录外采购时应经相应审批。

## 第四节

## 高值医用耗材临时采购情况审计

采购是医用耗材全流程管理过程中的一个关键环节。《医疗机构医用耗材管理办法（试行）》（国卫医发〔2019〕43号）明确要求，医疗机构应通过严格的遴选、准入流程建立本机构医用耗材供应目录，并依据供应目录开展医用耗材常规采购工作。目前，公立医院的常规医用耗材采购管理日趋规范化、精细化。因特殊情况需引进供应目录以外的医用耗材属于临时采购范畴。与常规采购相比，临时采购存在耗材使用频次少、数量少、管理重视力度往往不够等情况，进而导致耗材准入审批容易不规范，不合理使用、成本增加、原始资料丢失等情况频发，进一步增加了医院运营压力和医用耗材管理的内部控制风险。

### 一、审计目标

目标1：确认医院高值医用耗材临时采购制度的健全性、有效性
目标2：确认医院高值医用耗材临时采购事项的合理性
目标3：确认医院高值医用耗材多次临时采购事项授权审批合规性

## 二、审计依据

医疗机构医用耗材管理办法（试行）（国卫医发〔2019〕43号）

## 三、审计程序和要点

1. 查阅医院高值医用耗材临时采购管理制度，检查制度内容是否健全有效，特别关注制度中是否明确归口管理部门以及工作职责；是否规定临时采购申请、审批的流程和权限；是否规定申请临时采购的频次及采购品目和数量。

2. 查阅临时采购文件和采购记录，检查文件和记录的完整性及监管的有效性。包括临时采购事项理由的充分性、合理性；是否按照制度规定的流程完成临时采购；采购审批人员及机构是否符合制度要求。

3. 统计一年内临时采购的数据，检查是否超过制度中对于临时采购品目、数量的规定，对一年内重复多次临时采购的高值医用耗材，检查是否按照程序及时纳入供应目录管理。

4. 关注单次量大和金额高的临时性采购，通过访谈等方式了解、分析原因，检查是否存在规避常规采购的情况。

5. 对于实施集中招标采购的地区，检查是否按有关程序报上级主管部门同意后实施临时性采购。

6. 查阅临时采购高值医用耗材的合同资料，检查是否及时签订采购合同，并有效执行。

**要点提示：**

医疗机构应当加强临时性医用耗材采购管理。医用耗材使用科室或部门临时性采购供应目录之外的医用耗材，须经主任委员、副主任委员同意后方可实施。对一年内重复多次临时采购的医用耗材，应当按照程序及时纳入供应目录管理。对于实施集中招标采购的地方，需要按有关程序报上级主管部门同意后实施临时性采购。遇有重大急救任务、突发公共卫生事件等紧急情况，以及需要紧急救治但缺乏必要医用耗材时，医疗机构可以不受供应目录及临时采购的限制（《医疗机构医用耗材管理办法（试行）》

国卫医发〔2019〕43 号）。

『审计问题示例 3-6』

问题定性：临时采购未签订合同。

问题描述：访谈医院耗材管理部门后，了解到医院的临时采购高值医用耗材均未签订合同。医院履行审批程序后，直接联系供应商送货。例如"下肢动脉介入用导丝""可解脱弹簧圈""心脏起搏导线"等 9 种高值医用耗材在 2021 年度进行了临时采购，以上事项均未与供应商签订采购合同。

法规依据：《医疗机构医用耗材管理办法（试行）》（国卫医发〔2019〕43 号）第十七条，"医用耗材管理部门应当根据医用耗材使用科室或部门提出的采购申请，按照相关法律、行政法规和国务院有关规定，采用适当的采购方式，确定需要采购的产品、供应商及采购数量、采购价格等，并签订书面采购协议。"

审计建议：建议医院完善对医用耗材临时采购的管理机制，明确特殊事项签订采购合同的要求，保障医院合法权益。

## 第五节

## 高值医用耗材日常采购情况审计

医用耗材是医疗机构内不可或缺的物资之一，对医用耗材的采购管理直接关系到医院的患者治疗效果和经济效益。合理的医用耗材采购管理能够有效地控制医院的经济成本，保障患者的治疗质量。同时，高值医用耗材采购也是医院经济运行中廉政问题的高发领域。但是由于医用耗材种类繁多、价格参差不齐，管理难度较大，容易出现资金浪费、质量问题等不良情况，因此对医用耗材采购管理进行内部审计显得尤为重要。

## 一、审计目标

目标1：确定高值医用耗材采购方式合规合理

目标2：确定高值医用耗材采购流程规范性

目标3：确定高值医用耗材采购合同管理规范性

目标4：确定高值医用耗材采购供应商和配送商权责分明

## 二、审计依据

1. 卫生部 国务院纠风办 国家发展改革委 监察部 工商总局 食品药品监管局关于印发《高值医用耗材集中采购工作规范（试行）》的通知（卫规财发〔2012〕86号）

2. 国家医保局 国家发展改革委 工业和信息化部 财政部 国家卫生健康委 市场监管总局 国家药监局 中央军委后勤保障部关于开展国家组织高值医用耗材集中带量采购和使用的指导意见（医保发〔2021〕31号）

3. 国务院办公厅关于印发治理高值医用耗材改革方案的通知（国办发〔2019〕37号）

4. 医疗机构医用耗材管理办法（试行）（国卫医发〔2019〕43号）

5. 中华人民共和国民法典"合同篇"

6. 中华人民共和国政府采购法（主席令第六十八号）

7. 中华人民共和国政府采购法实施条例（国务院令第658号）

## 三、审计程序和要点

### （一）审查高值医用耗材管理制度建立情况

1. 调阅高值医用耗材采购管理制度、业务流程、内部控制手册等资料，查看制度体系是否合规、健全，查看采购管理制度是否完整。

2. 检查是否明确采购归口管理部门，是否明确相关部门在采购工作中的职责与分工，是否制定采购管理流程，各部门和岗位是否实行分事行权、分岗设权、分级授权，权限设置是否明确且与相应职责分工相互匹配，是否明确采购关键环节及其分工和权限。

3. 检查是否明确采购预算、需求、计划、方式、程序、合同、验收、结算、供应商管理、信息公开、采购档案、监督评价、争议处理、委托代理、政策功能等要求；是否符合国家、属地及上级单位有关规定；是否及时根据国家相关政策进行修订。

4. 检查是否明确审核审批事项，是否建立授权审批控制。

**（二）审查高值医用耗材采购方式及流程**

1. 调阅高值医用耗材采购计划资料，审查采购计划编制是否依据经过批准的采购申请单；采购计划申报、审批程序是否符合制度要求；审查采购计划所列价格、采购数量的合理性；采购方式选择的合理性；供应商选择的合理性等。

2. 审计人员需全面了解、熟悉国家、属地高值医用耗材集中带量采购的政策要求，以及医院执行情况。查阅医院高值医用耗材采购记录，包括科室采购申请单、采购合同、出入库资料、结算资料等，以及属地医用耗材集中采购平台中的记录，核对所采购的耗材品目、规格、数量、供应商等信息，检查医院是否按照制度要求在集中采购平台上进行了公开采购。根据属地管理要求，对于集中采购目录内的品目关注医院采购时价格差异情况。

3. 审计集中带量采购品目外的高值医用耗材采购事项，需调阅相关采购申请表、采购资料，如：招标资料、投标资料、评标报告、中标通知书等资料。检查是否按制度要求办理采购申请手续、采购申请是否经权限人审批；是否存在科室自行采购的情况；是否存在先使用、后补采购申请的情况；是否根据高值医用耗材使用部门提出的采购申请，确定需要采购的产品及采购数量；是否按照相关法律、法规和医院制度规定，采用适当的采购流程、采购方式；是否存在围标串标情况；采购事项的审批是否符合制度规定。

**（三）审查高值医用耗材采购合同管理情况**

1. 调取高值医用耗材采购合同、投标文件、评标报告等采购过程文件，审查高值医用耗材合同签订的供应商是否具有签约资质，与耗材供应目录比对，是否为目录内的供应商；审查是否存在未核实合同对方主体资格及相关证明，对合同对方主体资质进行了错误认定（如中小微企业认定错误）的情况。合同对方主体可能缺乏履约相关资质要求或不具备履约能力，使经济合同无效或引发潜在风险；审查是否存在未在合同履行期内定期检查更新合同对方主体的资质、生产经营情况、合同履约能力等相关信息的情况，导致医院采购资质不齐全的高值医用耗材，或违规采购等情况的发生。

2. 调取高值医用耗材合同采购事项的批示文件，如：权限人的采购签批意见、院长办公会或党委会的会议纪要等，审查合同签订事项的申报、论证、批复、决策等程序是否具备签订采购合同的要求。

3. 调阅高值医用耗材采购合同、合同审签资料、查阅合同管理系统（如有），审查采购合同是否根据制度授权要求经权限人审批，是否履行分级授权审批手续；若合同执行中发生变更、解除或终止，审批流程、手续是否完整、合规。

4. 调阅高值医用耗材采购合同，审查合同条款的完备性和合规性。审查采购合同是否包含合同标的、数量、质量标准、有效期、配送情况、验收、价格和结算方式、运输方式、履约期限和地点、违约责任等基本内容，表述是否清晰明确；审查签约双方的权利和义务是否明确并具有对等性，有无利用合同从事非法行为的可能性；审查合同条款规定是否为医院争取到最大的经济利益，如充分考虑付款条件和资金优势，选择合理的货款支付方式等；审查合同中的要素是否完整。

5. 查阅高值医用耗材合同、出入库、财务结算等资料，检查高值医用耗材采购合同执行情况。审查合同内容是否得到全面、严格履行，合同约定采购品目是否为供应目录中内容；审查有无合同违约、违约的原因及违约处理结果，如对方违约，是否及时组织索赔。如本方违约，责任人是否向分管领导报告，经审批后办理赔偿手续，并追究相关责任；协商不成的合同纠纷是否及时上报上级领导和法务部门，通过申请仲裁或向人民法院起诉解决合同纠纷。

6. 审查高值医用耗材采购合同的管理是否规范，审查医院有无设置合同归口管理部门，合同管理制度是否完善，有无重大合同变更的应对防范措施；审查合同的归档和保管是否完整，合同是否按序编号，台账登记是否清晰完整，支持性文件是否齐全，如：采购合同正本、合同补充协议、技术协议、及其他合同附件等。

**（四）审查高值医用耗材供应链 SPD 模式的管理情况**

1. 通过访谈高值医用耗材管理部门、信息管理部门、临床使用科室以及配送公司，了解医院供应链延伸服务（SPD）模式决策情况、使用及管理情况等。

2. 查阅医院相关管理制度、服务合同、招采资料、会议纪要等资料，检查医院采购配送商的采购方式是否符合规定。

3. 调阅医院与供应商、配送商的合同，检查在合同条款中是否明确医院、配送商、供应商的权利义务、违约责任等内容，是否强制供应商使用相关信息系统。

4. 关注配送商的仓储条件、配送能力以及医院的监管情况，查看是否符合合同约定内容；检查医院高值医用耗材管理人员是否参与耗材验收。

5. 查看高值医用耗材管理信息系统，检查医院与配送商管理系统对接的各信息系统的安全性及医院医疗信息的安全性；关注配送商管理系统数据所有权的归属问题。

6. 调阅医院与供应商或配送商签订的服务合同、财务账簿、会计凭证等资料，检查货款和服务费结算情况以及发票开具情况，查看是否按规定和合同约定执行，发票是否真实、准确，是否符合"两票制"改革导向；医院是否及时与对方公司进行对账。

**要点提示：**

1. 医用耗材的采购相关事务由医用耗材管理部门实行统一管理。其他科室或者部门不得从事医用耗材的采购活动，不得使用非医用耗材管理部门采购供应的医用耗材。医用耗材使用科室或部门应当根据实际需求向医用耗材管理部门提出采购申请。医用耗材管理部门应当根据医用耗材使用科室或部门提出的采购申请，按照相关法律、行政法规和国务院有关规定，采用适当的采购方式，确定需要采购的产品、供应商及采购数量、采购价格等，并签订书面采购协议。医用耗材采购工作应当在有关部门有效监督下进行，由至少 2 名工作人员实施（《医疗机构医用耗材管理办法（试行）》国卫医发〔2019〕43 号）。

2. 开展国家组织高值医用耗材集中带量采购和使用工作提出的基本原则：一是需求导向、确保质量。根据临床需求，遵循医疗技术发展规律，合理确定集中带量采购的高值医用耗材品种范围，确保质量和供应，满足人民群众基本医疗需求。二是招采合一、量价挂钩。明确采购量，以量换价、确保使用，畅通采购、使用、结算等环节，改革高值医用耗材采购和使用中的不合理因素，治理价格虚高问题。三是因材施策、公平竞争。考虑不同高值医用耗材临床使用特点，功能、技术、使用差异，以及生产供应能力等因素，形成具体采购方案，引导公平竞争。四是部门协同、上下联动。强化部门合作机制，加强对中选产品生产、供应、采购、使用的监督监测，完善激励约束机制，在国家和地方两个层面协同推进高值医用耗材集中带量采购工作（《关于开展国家组织高值医用耗材集中带量采购和使用的指导意见》医保发〔2021〕31 号）。

3. 开展国家组织高值医用耗材集中带量采购和使用工作提出的采购规则：一是约定采购量。根据采购量基数和约定采购比例确定，在采购文书中公开。鼓励公立医疗机构对实际需求量超出约定采购量以外的部分，优先采购中选产品，也可通过省级医药集中采购平台采购其他价格适宜的挂网品种。二是竞价和中选规则。将治疗目的、临床功效、产品质量类似的同类高值医用耗材采购量合并，统一竞价，公平竞争；鼓励合并分组，促进竞争。需要联合使用的多种高值医用耗材可整合成系统，视为一个品种进行采购。根据高值医用耗材临床使用特点、标准化程度、参与企业数量等因素，因材施策，可采取招标、竞争性谈判、询价等方式进行采购。企业自愿参加、自主报价，通过质量和价格竞争产生中选价格和中选企业。多家企业中选的，应合理控制不同企业之间的差价。按照量价挂钩原则，明确各中选企业的约定采购量，合理确定采购协议期（《关于开展国家组织高值医用耗材集中带量采购和使用的指导意见》医保发〔2021〕31 号）。

4. 医院需要完善分类集中采购办法。按照带量采购、量价挂钩、促进市场竞争等原则探索高值医用耗材分类集中采购。所有公立医疗机构采购高值医用耗材须在采购平台上公开交易、阳光采购。对于临床用量较大、采购金额较高、临床使用较成熟、多家企业生产的高值医用耗材，按类别探索集中采购，鼓励医疗机构联合开展带量谈判采购，积极探索跨省联盟采购。对已通过医保准入并明确医保支付标准、价格相对稳定的高值医用耗材，实行直接挂网采购。加强对医疗机构高值医用耗材实际采购量的监管（《关于印发治理高值医用耗材改革方案的通知》国办发〔2019〕37 号）。

5. 政府采购是指各级国家机关、事业单位和团体组织，使用财政性资金采购依法制定的集中采购目录以内的或者采购限额标准以上的货物、工程和服务的行为（《中华人民共和国政府采购法》主席令第六十八号）。

☞小贴士：

1. 为了使审计人员能够更全面、深入地调查、了解被审计部门高值医用耗材采购内部控制管理情况，审计工作开展前期可参照《内部审计实务指南第 2 号——物资采购审计》中的调查表（见表 3-3）进行内部控制的初步评价。

表 3-3　　　　　　　　物资采购内部控制调查表

| 被审计单位名称 | | ××部门 | | 日　期 | | 索引号 | |
|---|---|---|---|---|---|---|---|
| 审计项目名称 | | 物资采购内部控制调查 | | 编制人 | | ×× | |
| 会计期间或截止日 | | 200×年度 | | 复核人 | ×× | 页次 | |
| 问题 | 是 | | | 否 | 不适用 | 备注 |
| | 强 | 弱 | 一般 | | | |
| （一）物资采购控制环境问题调查<br>1. 管理部门是否认为健全的内部控制能促成物资采购目标的实现？<br>2. 组织结构的设置是否有利于物资采购各部门职责的明确划分和协调运行？<br>3. 有无物资采购程序、手册和详细的岗位说明书？<br>4. 物资采购涉及到的所有员工是否清楚自己所要履行的岗位职责和必须遵循的政策与程序？<br>5. 物资采购政策及其变化是否及时向相关员工进行了传达？<br>6. 管理部门是否定期向员工说明道德行为的重要性？<br>7. 是否制定了书面的道德政策并使员工了解了这些政策？ | | | | | | |

续表

| 被审计单位名称 | ××部门 | 日 期 | | 索引号 | |
| --- | --- | --- | --- | --- | --- |
| 审计项目名称 | 物资采购内部控制调查 | 编制人 | | ×× | |
| 会计期间或截止日 | 200×年度 | 复核人 | ×× | 页次 | |

| 问题 | 是 | | | 否 | 不适用 | 备注 |
| --- | --- | --- | --- | --- | --- | --- |
| | 强 | 弱 | 一般 | | | |
| 8. 有无制定不合理的采购目标与高业绩挂钩的奖励诱使员工舞弊？ | | | | | | |
| 9. 员工的素质与其从事的物资采购业务是否相称？ | | | | | | |
| 10. 有无对员工进行定期专业培训？ | | | | | | |
| （二）物资采购风险管理问题调查 | | | | | | |
| 1. 是否有适当层次的管理部门参与了对物资采购风险的评估？ | | | | | | |
| 2. 有无识别物资采购风险的适当办法？ | | | | | | |
| 3. 物资采购风险的识别是否全面？ | | | | | | |
| 4. 是否对物资采购风险进行了评估？ | | | | | | |
| 5. 是否有物资采购风险的防范和化解措施？ | | | | | | |
| 6. 是否有识别人事、控制程序变化并作出相应反应的机制？ | | | | | | |
| 7. 有无防止物资积压或短缺的有效办法？ | | | | | | |
| 8. 物资安全库存量的确定是否合理？有无进一步降低的可能？ | | | | | | |
| （三）物资采购控制活动问题调查 | | | | | | |
| 1. 所有物资采购是否以合法经营需求或目的为依据？ | | | | | | |
| 2. 物资采购是否经过适当的授权批准？ | | | | | | |
| 3. 是否以最具成本效益的方式取得物资？ | | | | | | |
| 4. 是否对物资采购实施合同控制？ | | | | | | |
| 5. 是否对物资采购不相容职务执行了分离？ | | | | | | |
| 6. 是否对承担采购职责的员工进行定期轮岗？ | | | | | | |
| 7. 大宗物资采购是否实行招标控制？ | | | | | | |
| 8. 供货商选择是否做了充分的调查并持续监督供货商业绩？ | | | | | | |
| 9. 采购物资的价格确定是否合理？ | | | | | | |
| 10. 有无健全的物资价格信息控制措施，包括物价信息收集、分类、加工、比较的程序控制，信息的质量要求，信息资料的归档保管等？ | | | | | | |
| 11. 是否对到货物资由独立部门组织认真验收？ | | | | | | |
| 12. 对验收不合格的采购物资是否及时查明原因落实责任？ | | | | | | |
| 13. 是否对物资采购进行了永续盘存记录？ | | | | | | |
| 14. 在缺乏永续盘存记录时，是否存在补偿控制措施？ | | | | | | |
| 15. 物资采购是否实施了ABC分类管理法？ | | | | | | |
| 16. 是否对物资进行定期盘点？ | | | | | | |
| 17. 是否在有关物资采购票证审核一致、无误的基础上确认应付账款负债？ | | | | | | |
| 18. 是否定期发送供货商对账单？ | | | | | | |
| 19. 有无物资接触和记录使用控制措施？ | | | | | | |

续表

| 被审计单位名称 | ××部门 | 日 期 | | 索引号 | |
|---|---|---|---|---|---|
| 审计项目名称 | 物资采购内部控制调查 | 编制人 | | ×× | |
| 会计期间或截止日 | 200×年度 | 复核人 | ×× | 页次 | |

| 问题 | 是 | | | 否 | 不适用 | 备注 |
|---|---|---|---|---|---|---|
| | 强 | 弱 | 一般 | | | |
| 20. 对物资采购是否采取了健全的凭证和记录控制？<br>21. 是否有针对计算机环境下物资采购信息处理的安全控制标准和措施？<br>（四）物资采购信息与沟通问题调查<br>1. 管理部门是否鼓励涉及物资采购的所有各方交流信息？组织内部信息渠道是否通畅？<br>2. 信息沟通是否能使员工有效履行职责？<br>3. 与组织外部是否有信息沟通？<br>4. 是否存在根据截止期信息对物资采购明细账和总账进行控制和调节？<br>5. 是否对重大物资采购差异进行了及时调查和处理，是否将调查结果向管理层提交？<br>6. 管理部门是否投入充分的资源来支持对信息系统的开发和修改？<br>7. 是否保持最新的物资采购会计文件？<br>8. 收集的外部信息是否全面，包括物价变动信息、市场需求信息、经济政策信息、技术信息、供应渠道变化信息、业务流程再造信息等？<br>9. 有无通畅的例外情况报告渠道？<br>10. 员工的反馈以及供货商的投诉渠道是否畅通？<br>11. 是否采取措施保证网络环境下信息处理和传递的安全完整和对计算机病毒的防范？<br>（五）物质采购监督问题调查<br>1. 是否建立适当管理程序来保证物资采购控制的运行并对运行的效果进行评估？<br>2. 是否存在适当的程序对物资采购活动进行持续的日常监督？<br>3. 监督活动中发现的控制薄弱环节是否向适当管理层汇报？是否根据需要对政策和程序进行修改？<br>4. 是否设立独立稽核员对物资采购实施独立监督？<br>5. 审计活动范围是否能够足以证明物资采购内部控制的有效性？ | | | | | | |

审计结论：

2. 某支架产品最新挂网价格以及带量采购中标价格（见表3-4）

表3-4　　某支架产品最新挂网价格及带量采购中标价格

| 序号 | 公司 | 商品名 | 注册证号 | 最新挂网价格（元） | 江苏带量采购中标价（元） |
|---|---|---|---|---|---|
| 1 | 雅培 | Xience Xpedition | 国械注进20173466565 | 17 000 | |
| 2 | 雅培 | Xience Prime | 国械注进20173466908 | 13 280 | |
| 3 | 雅培 | XIENCE V | 国械注进20173461507 | 12 100 | 6 655 |
| 4 | 雅培 | XIENCE Sierra | 国械注进20193130313 | 23 500 | |
| 5 | 雅培 | | 国械注进20163462140 | 23 300 | |
| 6 | 雅培 | | 国械注进20193130202 | 17 000 | |
| 7 | 美敦力 | Resolute Integrity | 国械注进20163460682 | 19 250 | |
| 8 | 美敦力 | Endeavor Resolute | 国械注进20173466117 | 14 849 | 8 666 |
| 9 | 美敦力 | Endeavor Sprint | 国械注进20183461753 | 12 760 | |
| 10 | 波士顿科学 | Promus PREMIER Monorail | 国械注进20153130608 | 17 100 | |
| 11 | 波士顿科学 | Synerge Monorail | 国械注进20173465008 | 19 000 | |
| 12 | 波士顿科学 | Promus Premier | 国械注进20153462405 | 17 100 | |
| 13 | 波士顿科学 | Promus Element | 国械注进20153463173 | 14 260 | |
| 14 | 波士顿科学 | Promus Element Long | 国械注进20173461421 | 14 260 | |
| 15 | 波士顿科学 | Promus Element plus | 国械注进20173466661 | 11 400 | |

3. SPD（Supply、Processing、Distribution）医用耗材供应链管理："S"是指Supply，供应。面向供应商的采购、供应管理。"P"是指Processing，加工。院内一级仓库的加工管理，包括医疗物品的折包、拆零、定数管理、术前物资准备、附条码等服务。"D"是指Distribution，配送。面向院内各级临床消耗点推送管理医疗物品，由库房配送至手术室、病区或诊室。

SPD管理模式是通过信息系统标准化建设和医院内部物流优化及条码识别技术，实现供应、采购、配送等环节的医用耗材物流供应体系。SPD管理模式中的业务主体包括医院、供应商和服务商，医院提出医用耗材需求，供应商响应需求，根据医院发出的采购订单，及时、保质、保量地配送耗材至医院；服务商负责协助医院做好需求计划与订单响应的衔接工作，通过提供信息平台、服务人员等，保障供应采购业务的开展。SPD模式服务商是医院的第三方服务提供商，提供医用耗材管理信息平台和院内耗材物流管理服务。

SPD管理模式流程图如图3-2所示。

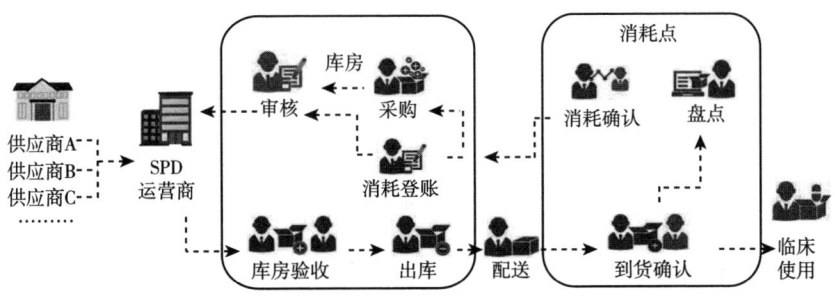

图3-2　SPD管理模式流程图①

4. 高值医用耗材的管理模式较多，采用传统模式的医院库存成本较高，需要更多的人力进行库存管理；寄售制模式对二级库的管理要求较高，但大多数均为护士代管，耗材的出入库与收费也存在差异，无法实时反映耗材的实际成本。采用SPD方式虽提高了信息化水平，减少了人为因素，但作为新型耗材管理模式，缺少法律、法规以及相关政策的制约，容易造成耗材成本的增加，医疗信息数据的安全性风险增大等风险敞口。因此在开展专项审计时需要综合考虑各种模式的风险点及关注点。

5. SPD的风险（见图3-3）

| 法规风险 | 系统风险 |
|---|---|
| SPD服务商形成供应垄断<br>相关内部管理制度不完善<br>不符合"两票制"改革要求 | SPD系统与其他系统、硬件等接口问题<br>医院、患者信息、数据泄露<br>耗材出入库与SPD系统记录的账实不符<br>SPD系统数据所有权不明确 |
| 第三方管理风险 | 医院内管理风险 |
| 服务商过度介入医院耗材管理<br>第三方人员管理难，SPD服务达不到要求<br>商务矛盾导致医院耗材供货问题<br>服务商从自身利益最大出发，抬高采购价格 | 管理人员无法适应新管理方式<br>医院耗材管理部门缺乏对服务监管<br>医院缺乏对服务商的考核、评价 |

图3-3　SPD的风险

---

① 该图引自 https://www.sohu.com/a/137994266_569574。

SPD 模式的引入是降低医院运行成本、提高精细化运行效率、促进医院发展的重要举措。但此管理模式，在管理应用中存在一些风险和不确定因素，需要不断优化完善。因此，建立 SPD 模式下医用耗材供应商评价体系，强化监管机制就尤为重要，建议通过建立多层次评价指标体系，定期对供应商、SPD 配送商进行考核，以更好的监督和控制耗材供应商、SPD 服务商的服务，并根据考核结果，督促改进，不断提高 SPD 模式的整体绩效。

6. 在 2016 年九部委联合印发的《2016 年纠正医药购销和医疗服务中不正之风专项治理工作要点》（国卫医函〔2016〕172 号）中提出要在医改试点省和试点城市实行耗材"两票制"，"两票制"即从生产厂家到经销企业开一次发票，从经销企业到医院再开一次发票，这样可以避免因厂家到公立医院之间有多级代理商逐层加价而导致耗材价格虚高的问题。"两票制"意味着医用耗材要和药品一样，减少经销代理渠道，挤压中间环节的水分，降低其虚高价格。2018 年国家卫生计生委、财政部、国家发展改革委、人力资源社会保障部、国家中医药管理局、国务院医改办联合印发《关于巩固破除以药补医成果持续深化公立医院综合改革的通知》（国卫体改发〔2018〕4 号），通知中明确提出要逐步推行高值医用耗材购销"两票制"，并从 2018 年起在全国大范围推行。"两票制"在医用耗材应用方面，降低了耗材的价格，压缩了临床的回扣空间，也可以降低医用耗材采购成本。

7.《内部审计实务指南第 2 号——物资采购审计》第六条，根据组织的管理模式要求、物资采购业务量的大小、内部审计机构资源等的不同，物资采购审计可以采取项目管理式审计和过程参与式审计两种模式。

（1）项目管理式审计是有重点、有目的地将某物资采购部门、环节或物资品种纳入年度审计计划，形成为特定审计项目并实施相应审计程序的审计模式。大、中型规模的组织适合采用该模式。

（2）过程参与式审计是由专职内部审计人员参与监督物资采购的全过程或者部分重要过程，实现物资采购审计的日常化小规模组织可以采用该模式。

『审计问题示例 3－7』

问题定性：未按规定程序进行采购。

问题描述：医院 2021 年度部分高值医用耗材采购日期早于党委会审批同意的准入日期。经审查高值医用耗材供应目录、2021 年一次性采购申请表、2021 年限期采购申请表与 2021 年高值医用耗材出入库台账，发现部分高值医用耗材采购日期早于党委会审批同意的准入日期。如：体外引流系统，党委会审批同意日期为 2021 年 5 月 1 日，2021 年高值医用耗材出入库台账上的采购日期为 2021 年 1 月 1 日。

法规依据：《医疗机构医用耗材管理办法（试行）》（国卫医发〔2019〕43 号）第十七条，"医用耗材管理部门应当根据医用耗材使用科室或部门提出的采购申请，按照相关法律、行政法规和国务院有关规定，采用适当的采购方式，确定需要采购的产品、供应商及采购数量、采购价格等，并签订书面采购协议。"

审计建议：建议医院严格执行高值医用耗材采购程序，严格按准入审批时间和流程执行采购，加强医院采购业务内部控制管理。

『审计问题示例 3－8』

问题定性：采购方式不符合规定。

问题描述：医院 2022 年采购高值医用耗材 60 万元，经阳光平台查询，其中通过医用耗材交易系统（阳光平台）采购 32 万元，其余 28 万元未见采购订单信息且均为阳光平台外直接采购。

法规依据：《国务院办公厅关于印发治理高值医用耗材改革方案的通知》（国办发〔2019〕37 号）第二条，"（三）完善分类集中采购办法。按照带量采购、量价挂钩、促进市场竞争等原则探索高值医用耗材分类集中采购。所有公立医疗机构采购高值医用耗材须在采购平台上公开交易、阳光采购。对于临床用量较大、采购金额较高、临床使用较成熟、多家企业生产的高值医用耗材，按类别探索集中采购，鼓励医疗机构联合开展带量谈判采购，积极探索跨省联盟采购对已通过医保准入并明确医保支付标准、价格相对稳定的高值医用耗材，实行直接挂网采购。"

《医疗机构医用耗材管理办法（试行）》（国卫医发〔2019〕43 号）第

十七条,"医用耗材管理部门应当根据医用耗材使用科室或部门提出的采购申请,按照相关法律、行政法规和国务院有关规定,采用适当的采购方式,确定需要采购的产品、供应商及采购数量、采购价格等,并签订书面采购协议。"

审计建议:建议医院按照属地管理要求选择合规的医用耗材采购方式,加强对医用耗材采购的监管。

**『审计问题示例 3-9』**

问题定性:未按规定签订采购合同。

问题描述:医院 2021 年度对新纳入医用耗材供应目录的产品,均未与供应商签订书面采购协议,供应商以医用耗材供货承诺函代替采购协议。

法规依据:《医疗机构医用耗材管理办法(试行)》(国卫医发〔2019〕43号)第十七条,"医用耗材管理部门应当根据医用耗材使用科室或部门提出的采购申请,按照相关法律、行政法规和国务院有关规定,采用适当的采购方式,确定需要采购的产品、供应商及采购数量、采购价格等,并签订书面采购协议。"

审计建议:建议医院加强医用耗材合同管理,按规定与供应商签订书面采购协议,避免经济纠纷事项风险。

**『审计问题示例 3-10』**

问题定性:合同要素不全。

问题描述:医院 2022 年 3 月与甲医药有限公司签订的高值医用耗材订货合同中,未明确约定付款周期。

法规依据:《民法典》第四百七十条,"合同的内容由当事人约定,一般包括下列条款:

(一)当事人的姓名或者名称和住所;

(二)标的;

(三)数量;

(四)质量;

(五)价款或者报酬;

(六)履行期限、地点和方式;

（七）违约责任；

（八）解决争议的方法。

当事人可以参照各类合同的示范文本订立合同。"

审计建议：建议医院签订合同时，保障合同要素完整，增强合同风险意识，避免医院利益受损和法律纠纷。

**『审计问题示例 3–11』**

问题定性：耗材供应商资质不合规。

问题描述：医院通过院内磋商的方式选定 A 公司为 C 型 Ⅲ 类医疗器械长期供货商并与其签订框架合同，供货期自合同签订生效之日起 3 年。在合同履行至第 2 年时，A 公司因经营范围变更，不再具备 C 型 Ⅲ 类医疗器械销售资格。甲单位未及时检查 A 公司资质变更情况，在合同履行期内继续从 A 公司采购 C 型医疗器械。

法规依据：《医疗器械监督管理条例》（国务院令第 739 号）第四十五条规定，"医疗器械经营企业、使用单位应当从具备合法资质的医疗器械注册人、备案人、生产经营企业购进医疗器械。购进医疗器械时，应当查验供货者的资质和医疗器械的合格证明文件，建立进货查验记录制度。"

审计建议：医院应定期检查长期供应商相应资质，如发现变更，应根据变更情况对合同做出相应补充、变更或终止。

# 第四章 高值医用耗材库存管理情况审计

## 第一节

## 验收入库管理情况审计

高值医用耗材通常指的是那些价值较高、对安全性要求严苛、直接应用于患者治疗或诊断过程中的医用耗材。在高值医用耗材验收入库阶段，对供应商提供的产品进行严格的质量检验和合规性审查，能够确保进入医院流通和使用的耗材符合国家法规标准和生产厂家的技术要求，保障医疗质量和患者安全。通过严格验收入库程序，可以减少伪劣耗材流入的可能性，降低因耗材质量问题引发的医疗事故风险，同时也能防止内部管理疏漏导致的资产流失。因此，高值医用耗材的验收入库管理对于维护医院正常运营秩序，保障医疗服务质量，提高经济效益，以及响应政府监管部门对医用耗材使用的合规性要求都具有极其重要的意义。

### 一、审计目标

目标1：确定高值医用耗材验收入库手续的完整性

目标2：确定高值医用耗材验收资料的完整性、准确性

### 二、审计依据

医疗机构医用耗材管理办法（试行）（国卫医发〔2019〕43号）

### 三、审计程序和要点

1. 查阅医院是否有健全的高值医用耗材验收入库管理制度，验收入库流程是否有章可循。

2. 选取重点审核的高值医用耗材品种，将采购验收入库的高值医用耗

材名称、规格、型号、价格、数量等信息，与其发票、送货清单进行比对，检查采购记录资料与入库的规格、数量和金额等信息是否一致。

3. 调取物资管理系统中的高值医用耗材入库明细表，抽查部分高值医用耗材的入库资料，查看入库手续是否完备。入库资料是否包含采购合同、送货清单、入库单、验收单等文件。

4. 检查耗材管理人员是否真实、完整、准确地进行验收并签字确认。

5. 检查耗材管理部门是否妥善保管送货及入库单据。

**要点提示：**

1. 医用耗材验收、储存管理要求：

（1）管理部门负责医用耗材的验收、储存及发放工作。

（2）医疗机构应当建立医用耗材验收制度，由验收人员验收合格后方可入库。验收人员应当熟练掌握医用耗材验收有关要求，严格进行验收操作，并真实、完整、准确地进行验收记录。验收人员应当重点对医用耗材是否符合遴选规定、质量情况、效期情况等进行查验，不符合遴选规定以及无质量合格证明、过期、失效或者淘汰的医用耗材不得验收入库。

（3）使用后的医用耗材进货查验记录应当保存至使用终止后 2 年。未使用的医用耗材进货查验记录应当保存至规定使用期限结束后 2 年。植入性医用耗材进货查验记录应当永久保存。购入Ⅲ级医用耗材的原始资料应当妥善保存，确保信息可追溯。

（4）医疗机构应当设置相对独立的医用耗材储存库房，配备相应的设备设施，制订相应管理制度，定期对库存医用耗材进行养护与质量检查，确保医用耗材安全有效储存。

（5）对库存医用耗材的定期养护与质量检查情况应当做好记录。

（6）医用耗材需冷链管理的，应当严格落实冷链管理要求，并确定专人负责验收、储存和发放工作，确保各环节温度可追溯（《医疗机构医用耗材管理办法（试行）》国卫医发〔2019〕43 号）。

2. 库存管理员应该会同有关部门对入库存货的质量、数量、技术规格等方面进行检查与验收，保证存货符合采购要求。外购存货入库前一般应经过下列验收程序：

（1）检查订货合同协议、采购计划、采购订单、供货企业提供的材质证明、合格证、运单、提货通知单等原始单据与待检验货物之间是否相符。

（2）对拟入库存货的交货期进行检验，确定外购货物的实际交货期与订购单中的交货期是否一致。

（3）对待验货物进行数量复核和质量检验，对需要相关部门验收计量的应会同相关部门联合验收。

（4）对验收后数量相符、质量合格的货物办理相关入库手续；对验收不符合要求的货物，不得办理入库手续，同时通知采购部门及时处理；对暂不具备检测条件的货物也应采取适当方法初步验收，待具备条件后正式办理验收入库。

（5）采购入库单需经采购经手人员、质量验收人员、仓库管理人员确认签字，留存入库单。

（6）对于已出库耗材退库，库存管理部门应根据经审批后的退货凭证经审批后办理入库手续。手续完备后，对拟入库的耗材进行验收并单独存放，通知相关部门进行下一步处理。

3. 高值医用耗材验收重点内容：

（1）对高值医用耗材的外观进行检查，查看包装是否完好，有无破损、变形等情况。

（2）对高值医用耗材包装上的标识进行检查，查看包装上的品名、数量、厂家、生产日期、消毒日期、有效期标志、条码、产品说明书是否清晰、准确。若高值医用耗材为进口产品，其包装上要有中文标志。

（3）对照采购需求和合同等文书资料，查看高值医用耗材的技术参数是否符合要求。

（4）检查高值医用耗材的随货文件，查看是否随货附带了相关的合格证明、质量检验报告等文件。

（5）对验收合格的高值医用耗材按规定进行入库，封存于指定地点，确保耗材存储安全。

（6）对验收入库的高值医用耗材建立验收记录，记录高值医用耗材的名称、型号、数量、验收结论等相关信息。

（7）对验收不合格的高值医用耗材不予入库，根据入库管理相关规定进行当场退货或者存放于待处理区等待退换货处理。

（8）因特殊原因不能及时办理入库的高值医用耗材，须严格要求库房管理人员将未到发票的货物品名、规格型号、数量、价格、供货商等及时做好记录，以便发票送达后进行核对入库。

☞小贴士：

1. 耗材验收单（见表4-1）

表4-1　　　　　　　　　　耗材验收单

| 日期 | 试剂及耗材名称 | 厂家批号 | 规格 | 数量 | 包装检查 | 性能检查 | 验收意见 | 验收者签名 |
|---|---|---|---|---|---|---|---|---|
|  |  |  |  |  |  |  |  |  |
|  |  |  |  |  |  |  |  |  |
|  |  |  |  |  |  |  |  |  |
|  |  |  |  |  |  |  |  |  |
|  |  |  |  |  |  |  |  |  |

2. 耗材出入库登记表（见表4-2）

表4-2　　　　　　　　　　耗材出入库登记表

| 耗材名称 | 厂家 | 规格型号 | 单位 | 入库数量 | 入库时间 | 入库人员 | 出库时间 | 出库数量 | 领取人员 | 剩余数量 | 备注 |
|---|---|---|---|---|---|---|---|---|---|---|---|
|  |  |  |  |  |  |  |  |  |  |  |  |
|  |  |  |  |  |  |  |  |  |  |  |  |
|  |  |  |  |  |  |  |  |  |  |  |  |
|  |  |  |  |  |  |  |  |  |  |  |  |
|  |  |  |  |  |  |  |  |  |  |  |  |
|  |  |  |  |  |  |  |  |  |  |  |  |
|  |  |  |  |  |  |  |  |  |  |  |  |

3. 医用耗材入库验收登记表（见表 4-3）

表 4-3　　　　　医用耗材入库验收登记表

| 入库日期 | 供货单位 | 产品名称 | 型号规格 | 计量单位 | 订单号 | 订单数量 | 实发数量 | 单价 | 金额 | 生产厂家 | 批号 | 产品有效期 | 注册证号 | 质量情况 | 入库/退换 | 验收人 |
|---|---|---|---|---|---|---|---|---|---|---|---|---|---|---|---|---|
| | | | | | | | | | | | | | | | | |
| | | | | | | | | | | | | | | | | |
| | | | | | | | | | | | | | | | | |
| | | | | | | | | | | | | | | | | |
| | | | | | | | | | | | | | | | | |
| | | | | | | | | | | | | | | | | |
| | | | | | | | | | | | | | | | | |

**『审计问题示例 4-1』**

问题定性：未按规定进行验收。

问题描述：医院对高值医用耗材验收未执行医院的《医用耗材入库验收管理制度》规定，制度要求对效期不足六个月的医用耗材，原则上不能办理入库验收手续。2021 年 12 月 31 日入库人工支架一批，部分耗材生产日期为 2020 年 10 月 1 日，有效期 2022 年 3 月 31 日，剩余有效期已不足 6 个月。另发现，该医院的部分验收入库的耗材未附有质量合格证明。

法规依据：《医疗机构医用耗材管理办法（试行）》（国卫医发〔2019〕43 号）第十八条，"验收人员应当重点对医用耗材是否符合遴选规定、质量情况、效期情况等进行查验，不符合遴选规定以及无质量合格证明、过期、失效或者淘汰的医用耗材不得验收入库。"

审计建议：建议医院加强对医用耗材验收入库管理，严格按照医院医用耗材管理制度执行，强化人员培训。可通过信息化的手段减少人为因素导致的验收入库问题。

## 第二节 领用出库管理情况审计

加强高值医用耗材领用出库的精细化管理，能够合理调配耗材资源，有助于降低库存成本，减少无效资产占用，节省资金投入；有助于预防内部舞弊、失窃和损耗，避免因耗材短缺而导致医疗活动延误的风险。同时，高效的领用流程能够保证业务部门及时获取所需耗材，提高工作效率和服务质量。因此，严格高值医用耗材领用出库管理是现代医院精细化、规范化管理不可或缺的部分，它对于提升医院运营管理效能、降低成本、保障医疗质量和满足监管要求都具有重大意义。

### 一、审计目标

目标1：确定高值医用耗材领用出库手续的完整性

目标2：确定高值医用耗材出库登记的及时性、准确性

目标3：确定高值医用耗材出库后货款结算的周期及时效性

### 二、审计依据

医疗机构医用耗材管理办法（试行）（国卫医发〔2019〕43号）

### 三、审计程序和要点

1. 查阅医院高值医用耗材的领用出库制度，了解耗材领用周期。

2. 调取高值医用耗材的领用出库记录明细表，检查高值医用耗材的领用出库手续是否符合相关规定。

3. 调阅高值医用耗材领用出库单据及文书资料，检查耗材领用出库是否经过申领人和发放人共同确认。

4. 审查高值医用耗材出库是否及时办理了出库登记手续。

5. 比对 HIS 系统中收费数据、物资管理系统中出库数据以及财务结算资料，检查货款结账周期时效性。

**要点提示：**

1. 医疗机构应当建立医用耗材出库管理制度。医用耗材出库时，发放人员应当对出库的医用耗材进行核对，确保发放准确，产品合格、安全和有效。出库时，应当按照剩余效期由短至长顺序发放。出库后的医用耗材管理由使用科室或部门负责。使用科室或部门应当指定人员负责医用耗材管理，保证领取的医用耗材品种品规和数量既满足工作需要，又不形成积压，确保医用耗材在科室或部门的安全和质量（《医疗机构医用耗材管理办法（试行）》国卫医发〔2019〕43号）。

2. 高值医用耗材领用出库管理流程。

高值医用耗材领用出库流程应当遵循严格的管理制度和操作规范，以确保医疗物资的安全有效使用。

（1）需求计划。

各临床科室根据实际工作需要、手术安排或其他医疗需求等情况，由科室负责人或指定人员制定高值医用耗材的领用计划。

领用计划须详细列明所需高值医用耗材的名称、规格、型号、数量、预期使用日期等信息。

（2）审核批准。

护士长或其他授权管理人员对科室提交的高值医用耗材领用计划进行审核确认，核实其必要性和合理性。

经过签字批准后，将领用单交至医用物资管理部门或者库房管理部门。

（3）库存查询与准备。

库房管理人员收到领用单后，在库存管理系统中核实所申请高值医用耗材的实际库存情况。

如库存充足，则准备出库；若库存不足，须及时补充采购或调拨。

（4）出库手续。

根据审批后的领用单，库房工作人员按照规定程序执行出库操作，更新库存台账，包括拣选相应耗材、扫描条形码或 RFID 标签以更新库存记录，制作出库单据等。

（5）实物发放与签收。

科室派人到库房领取耗材时，须对照领用单清点实物，确认无误后双方在出库单上签名确认。高值医用耗材的唯一标识码（如条形码或 RFID 标签）、生产批号、有效期等关键信息需要形成详细的交接记录，确保高值医用耗材流向可追溯。

（6）账务处理。

出库完成后，库房将相关单据传递给财务部门进行账务处理，包括成本核算、发票校验等。

财务部门根据出库记录进行付款审批或确认已付款耗材的领用合法性。

（7）追踪与记录。

所领用的高值医用耗材从入库到最终使用的全过程应当被完整记录在案，以备追溯和盘点核查。

使用完毕后，高值医用耗材的使用记录应返回库房或相应管理部门存档。

☞小贴士：

跟台耗材的定义及出入库管理模式：

1. 跟台耗材管理定义

跟台耗材管理是指在医疗手术或治疗过程中，对那些需要由厂家代表或者专门的跟台人员随同器械进入手术室，并负责安装、调试、操作指导以及术后回收处理的特殊高值医用耗材进行的全过程管理。

2. 跟台耗材出入库管理流程

根据手术计划提前与供应商沟通，确保所需要的跟台耗材能够及时供应。具体操作步骤如下：

（1）手术医生从医院信息系统中调取患者信息，根据手术具体情况填写手术跟台耗材的使用申请，提交采购人员进行审核，审核通过后生成采购信息订单发送至相应的供货商。

（2）供货商根据收到的采购信息订单准备手术跟台耗材，按照医院要求完成耗材信息的录入，确认提交后，由库房管理人员按照相关规定和标准进行严格的质量检查和数量核对，确认耗材合格且符合使用要求后完成实物验收。

（3）将需要术前灭菌的跟台耗材统一送至消毒供应室进行消毒，经灭菌后转送至手术室用，出厂时已灭菌的跟台耗材，在验收合格后可直接送至手术室待用。

（4）跟台人员需遵守手术室管理制度，按流程登记、更衣消毒后进入，携带的跟台耗材需经医护人员再次核对确认。

（5）手术结束后，跟台人员负责协助医护人员完成耗材记录及清点。已使用的耗材进行记账，并进行出入库操作，未使用的跟台耗材交还供应商。

『审计问题示例 4-2』

问题定性：出库单据记录不规范。

问题描述：调取医院高值医用耗材的领用出库单、退货出库单、调拨出库单、其他出库单等多种出库单据，经审查发现，缺少经办人员签字确认。

法规依据：《会计基础工作规范》（财政部令第 98 号）第四十八条，"原始凭证的基本要求是：（一）原始凭证的内容必须具备：凭证的名称；填制凭证的日期；填制凭证单位名称或者填制人姓名；经办人员的签名或者盖章。"

审计建议：医院应当规范高值医用耗材出库单据记录，保证出库单据应有完整的审批流程，并由相关人员签字确认后妥善保存，并按规定进行归档和核销。

## 第三节

# 实物库存管理情况审计

实物库存管理的准确性直接影响到医院的成本核算,如果库存数据不准确,可能导致耗材成本计算偏差,影响财务报表的真实性。良好的实物库存管理不仅可以有效控制库存量、降低库存成本,提高资金的使用率,还可以保证耗材的稳定供应,减少不必要的损失浪费,为医院管理层提供科学的决策依据。因此,加强实物库存管理不仅关乎医院的经济效益,也是提升医院运营效率和竞争力的重要手段。

## 一、审计目标

目标1:确认高值医用耗材一级库、二级库库存管理的规范性

目标2:确认高值医用耗材二级库出入库记录的准确性

目标3:确认高值医用耗材二级库出入库手续的完整性

目标4:确认高值医用耗材管理部门对二级库监管的有效性

## 二、审计依据

1. 预算管理单位国有资产使用管理办法(国卫财务发〔2015〕85号)
2. 事业单位国有资产管理暂行办法(财政部令第36号)

## 三、审计程序和要点

1. 查阅医院实物库存管理相关制度,通过访谈医院耗材相关管理部门,开展实地调研,检查实物库存管理是否合法合规。

2. 了解医院高值医用耗材库存管理模式、一级库库存管理、二级库库

存管理等情况。

3. 走访医院一级库、二级库管理部门，查看高值医用耗材扫码登记流程及实物管理情况。

4. 查看高值医用耗材的库房储存环境，确保耗材在有效期内保持良好的使用状态。

5. 现场检查高值医用耗材的一级库和二级库是否安排专人专管。

6. 调阅高值医用耗材明细账登记资料，检查高值医用耗材的一级库和二级库是否建立明细台账进行统计记录。核对高值医用耗材的品牌、规格、型号、效期等相关记录是否完整、准确。

7. 通过现场盘点，核对高值医用耗材的供应商以及耗材的品牌、规格、型号，检查是否存在使用医院目录外高值医用耗材的情况。检查二级库入库手续是否完备，数量、品牌、规格、型号等信息登记是否清晰。

8. 检查高值医用耗材的出库记录能否一一对应到患者。

9. 将选取的审计样本与出入库记录进行比对，检查出入库记录的完整性和准确性。检查是否存在已经验收入库的高值医用耗材又经供应商传送的情况。

10. 检查转运至消毒供应中心的高值医用耗材交接手续是否齐备。

11. 检查消毒供应中心的高值医用耗材数量、品牌、规格、型号记录是否全面、真实。

12. 检查已过有效期的高值医用耗材数量是否仍包含在备货基数中。

**要点提示：**

1. 库存管理人员要在质量管理部门的技术指导下，检查并改善贮存条件、防护措施、卫生环境，并按高值医用耗材储存标准分类存放。

2. 对库存高值医用耗材的有效期进行跟踪和控制，采取近效期预警，超过有效期的医用耗材，应当停止出库，放置在不合格品区，然后按规定进行处理，并保存相关记录。

3. 高值医用耗材品种繁多，材质多样，规格型号复杂，专业性强。存在部分高值医用耗材只能根据患者手术中的实际情况才可确定材料的型号及规格，具有反向物流的特点。鉴于这种特点，医院对于高值医用耗材的管理通常采用寄售制模式，实行先使用后入库的方式，虽然这种反向物流方式增加了供应商的送货次数，但可有效发挥资金效能，减轻医院的资金压力，降低库房的管理难度。

4. 高值医用耗材"零库存"管理模式是一种现代医院管理理念和实践，尤其适用于对价格昂贵、存储条件要求高且周转速度较快的医用耗材进行精益化管理。"零库存"管理是以仓库储存形式的物品数量为"零"，即不保存经常性库存。这种模式的核心是尽量减少或消除库存，从而避免资金占用、降低库存成本和风险，并提高整体运营效率。但是，这种模式下的高值医用耗材管理往往采取先使用后付费的方式，变革传统的"采购→库存→发放"流程为"订单→使用→结算"，即高值医用耗材先使用后入库记账或者被直接送到科室，存在一定的管理风险。另外，使用科室兼当采购员、验收员、保管员以及使用者的角色，对于高值医用耗材的供应商资质、产品资质、进货渠道的合法性以及产品验收保管的安全性审核方面，存在一定的隐患。医院应当定期评估和调整"零库存"管理模式的执行效果，加强监管，持续改进医院的库存管理体系。

☞小贴士：

医院库房储存管理：

1. 库房环境标准化控制：

温度与湿度：高值医用耗材通常对储存环境有严格要求，应按照产品说明书设定适宜的温度（例如2℃—8℃、15℃—25℃等）和湿度（通常为45%—75%），并采用温湿度监控设备进行实时监测和记录。

2. 库房环境清洁：库房内外不得有污染源和积水，保持洁净干燥，防止尘埃、微生物和其他污染物影响耗材质量。

3. 库房基础设施保障：库房可以使用搁物架将库房内物资耗材全部上架存放，不仅能充分利用医院库房的有效空间，还可以起到防潮防尘的作用，以便于消毒、通风。搁物架的设计与布局必须严格遵循相关标准和规定，以确保耗材存储的安全、卫生以及便于存取。搁物架的要求具体包括：

（1）架底离地距离≥20cm：这一要求主要是为了方便清洁作业和排水，防止地面潮气上升影响搁物架上的物品，同时也有利于空气流通，减少底部耗材受潮的风险。

（2）离顶距离≥50cm：保持足够高度距离天花板或库房顶部，目的是避免搁物架与屋顶接触导致的摩擦损坏，并且为消防设施（如喷淋头）以及其他可能的管线设备留出足够的安装及检修空间，同时也有利于通风和照明设备的布置。

（3）离墙距离≥5cm：这个距离设计是为了保证墙面和货架之间有足够的空隙，有利于库房内空气流动，防止湿气滞留，同时也方便对墙面进行清洁维护，以及预防墙壁渗水等情况对耗材造成影响。

4. 无菌耗材储放管理：严格区分无菌与非无菌耗材，对库房区域进行整体规划，实施耗材分类、定位存放方式，如将无菌物品按耗材品种的效期长短在搁物架上有序摆放，避免混放，以减少无菌物品的再污染，避免过期而影响无菌质量，造成浪费。

加强医院库房储存管理，可以确保医用耗材在安全适宜的环境下储存，有效延长其有效期，减少不必要的损耗，并保障医疗服务质量。

## 第四节 盘点情况审计

医用耗材盘点是对医院日常运营活动中消耗的耗材进行定期或不定期的清点和核对的过程，其主要目的是准确掌握库存情况，了解实际消耗量，及时发现耗材损坏、丢失、过期等情况，避免因耗材短缺影响正常工作进行，同时也可以检查财务账目记录的准确性和完整性，确保账面数量与实际库存数量相一致，防止出现账实不符的情况，保证会计信息的真实性和可靠性。通过定期、有效的高值医用耗材盘点，能够实现对医院高值医用耗材的有效管理和监控，从而更好地服务于医院的运营管理和发展战略。

### 一、审计目标

目标1：确认高值医用耗材定期盘点执行的有效性

目标2：确认高值医用耗材账实相符、账账相符情况

目标3：确认高值医用耗材盘盈盘亏结果处理的规范性

目标4：确认高值医用耗材库存差异分析与处理的及时性、准确性

### 二、审计依据

1. 预算管理单位国有资产使用管理办法（国卫财务发〔2015〕85号）

2. 关于印发预算单位国有资产处置管理办法的通知（国卫财务函〔2022〕141号）

3. 行政事业性国有资产管理条例（国务院令第738号）

### 三、审计程序和要点

1. 检查高值医用耗材定期盘点制度的规范性、全面性以及医院盘点制度执行情况。

2. 了解临近有效期的高值医用耗材处理情况。

3. 了解高值医用耗材的库存差异及处理情况。

4. 调阅高值医用耗材的盘点记录、资产账等资料，查看是否存在账实不符、账账不符的情况。

5. 检查是否指定专人、定期对高值医用耗材进行盘点。

6. 检查是否建立了高值医用耗材盘点记录，记录内容是否完整、准确。

7. 检查高值医用耗材盘点中是否存在盘盈盘亏情况，若发生是否分析、查明原因。

8. 对于盘点出现盘盈盘亏情况时，检查盘点结果是否按照资产管理制度要求及医院内部控制管理要求进行规范操作，特别是对于大额盘亏事

项，是否按照管理规定向上级主管部门报批。

9. 与 HIS 系统中的高值医用耗材信息进行比对，检查是否存在库存异常情况，是否查明差异原因并进行规范处理。

10. 审计人员应选取适量高值医用耗材，开展现场盘点工作。

**要点提示：**

1. 医院应当定期检查资产使用状况，及时发现资产使用过程中存在的闲置、丢失、损毁等问题，及时纠正处理，做到资产使用高效节约、物尽其用。应当积极引导和鼓励实行国有资产共享共用，建立资产共享共用与资产绩效、资产配置、资产预算挂钩的联动机制，提高国有资产使用效益（《国家卫生计生委关于印发预算管理单位国有资产使用管理办法》国卫财务发〔2015〕85 号）。

2. 对盘点清查中发现的问题，应当作出记录，查明原因，提出处理意见，及时办理审批手续，调整相关账表，保证账账、账卡、账实相符（《行政事业性国有资产管理条例》国务院令第 738 号）。

☞ **小贴士：**

1. 库存盘点表——耗材（见表 4-4）

表 4-4　　　　　　　　库存盘点表——耗材

盘点日期：　　年　月　日

| 序号 | 系统数据 | | | | 盘点数据 | | | 责任人 |
| | 耗材名称 | 规格 | 单位 | 数量 | 数量 | 差异 | 异常说明 | |
|---|---|---|---|---|---|---|---|---|
| | | | | | | | | |
| | | | | | | | | |
| | | | | | | | | |
| | | | | | | | | |
| | | | | | | | | |
| | | | | | | | | |

2. 各单位财务管理部门应当根据资产的相关凭证或文件及时进行账务处理。应当对实物资产进行定期盘点清查，每年度至少一次，可采取一次

性或分期分批盘点清查的方法。资产盘点清查工作，可以由资产管理部门牵头负责组织，财务部门、使用部门和内部审计等相关部门共同参与。

3. 高值医用耗材库存盘点工作。

在库存盘点工作中，库存管理人员必须做到高值医用耗材账实相符，并定期对库存物品进行清点盘查。

建议医院按月对高值医用耗材进行清点，同时打印库存盘点清单，由参加盘点的工作人员签字存档备查。

操作方法：建议2名以上工作人员对库存高值医用耗材进行逐一清点，将实际耗材数量与库存清单进行核对。对账实不符的情况及时查找原因、进行纠正，并进行盘盈盘亏登记，保证账实相符。对一些特殊的高值医用耗材（如价值高、易损坏、效期短）可不定期地、选择性地进行清点、盘查，适当增加盘点频次，便于掌握某时间段内其消耗量，确定其应有的库存数量。

『审计问题示例 4-3』

问题定性：高值医用耗材账实不符、盘盈盘亏未及时处理。

问题描述：医院抽盘二级库中"下肢动脉介入用导丝"时发现该高值医用耗材的实际库存大于账面库存，存在账实不符的情况，进一步查阅该导丝近一年的盘点资料，发现该导丝的盘盈盘亏结果均未进行差异分析及异常说明，也未及时进行处理。

法规依据：《医疗机构医用耗材管理办法（试行）》（国卫医发〔2019〕43号）第二十八条，"医疗机构应当建立医用耗材定期盘点制度。由医用耗材管理部门指定专人，定期对库存医用耗材进行盘点，做到账物相符、账账相符。"《行政事业性国有资产管理条例》（国务院令第738号）第三十四条，"各部门及其所属单位应当定期或者不定期对资产进行盘点、对账。出现资产盘盈盘亏的，应当按照财务、会计和资产管理制度有关规定处理，做到账实相符和账账相符。"

审计建议：建议医院对盘盈、盘亏的高值医用耗材进行原因分析，并及时进行处理。

『审计问题示例 4-4』

问题定性：未按规定进行定期盘点。

问题描述：医院科室层面二级库盘点未落实有效管理。经现场调研发现，心脏内科对科室内高值医用耗材库存盘点不规范，未见盘点记录表与盘点人签字，也未见医院层面对科室二级库的盘点情况进行监督检查的相关证据材料。

法规依据：《医疗机构医用耗材管理办法（试行）》（国卫医发〔2019〕43号）第二十八条，"医疗机构应当建立医用耗材定期盘点制度。由医用耗材管理部门指定专人，定期对库存医用耗材进行盘点，做到账物相符、账账相符。"第三十一条，"出库后的医用耗材管理由使用科室或部门负责。使用科室或部门应当指定人员负责医用耗材管理，保证领取的医用耗材品种品规和数量既满足工作需要，又不形成积压，确保医用耗材在科室或部门的安全和质量。"

审计建议：建议医院二级库规范耗材盘点流程，完善盘点资料，加强医院一级库对二级库盘点情况的检查与监督。

『审计问题示例 4-5』

问题定性：高值医用耗材盘点未有效执行。

问题描述：医院骨科二级库的 S 骨支架出入库记录不完整，无法进行现场盘点。科室二级库未进行定期盘点，抽取的盘点记录表中未有盘点人员签字，耗材盘点记录不规范。

法规依据：国家卫生计生委印发的《预算管理单位国有资产使用管理办法》（国卫财务发〔2015〕85号）第十六条，"各单位应当对实物资产进行定期盘点清查，每年度至少一次，可采取一次性或分期分批盘点清查的方法。资产盘点清查工作，由资产管理部门牵头负责组织，财务部门、使用部门和内部审计等相关部门共同参与。对盘点清查中发现的问题，应当作出记录，查明原因，提出处理意见，及时办理审批手续，调整相关账表，保证账账、账卡、账实相符。"

审计建议：建议医院完善盘点制度及盘点记录，明确盘点时间。

# 第五章 高值医用耗材收费管理情况审计

## 第一节
## 医用耗材价格政策落实情况审计

为全面深入治理高值医用耗材,规范医疗服务行为,控制医疗费用不合理增长,维护人民群众健康权益,根据《国务院办公厅关于印发治理高值医用耗材改革方案的通知》(国办发〔2019〕37号)精神,公立医疗机构医用耗材应当取消加成。具体来说,取消公立医疗机构医用耗材加成意味着医疗机构在销售医用耗材时,不再在进价基础上额外加价,而是按照采购价格直接向患者收取费用,即实现了医用耗材的"零差率"销售。另外,各地区在国家指导下,通过集中采购、价格联动、医保支付政策改革、严格监管等多种手段,实施医用耗材价格动态调整机制,不断深化耗材价格管理,遏制医用耗材价格虚高现象,进一步规范医疗服务行为。

### 一、审计目标

目标1:确认高值医用耗材价格落实"零差率"政策情况
目标2:确认高值医用耗材价格落实主管部门规定的价格政策
目标3:确认高值医用耗材医保支付的规范性

### 二、审计依据

1. 国务院办公厅关于印发治理高值医用耗材改革方案的通知(国办发〔2019〕37号)
2. 医疗机构内部价格行为管理规定(国卫财务发〔2019〕64号)
3. 中共中央 国务院关于深化医疗保障制度改革的意见(中发〔2020〕5号)

4. 关于进一步做好医疗服务价格管理工作的通知（医保办发〔2022〕16号）

5. 国家医疗保障局关于做好基本医疗保险医用耗材支付管理有关工作的通知（医保发〔2023〕23号）

### 三、审计程序和要点

1. 检查医院高值医用耗材价格政策落实情况。
2. 调取医院物价信息库中的高值医用耗材收费价格。
3. 调取医院物资管理系统中的高值医用耗材采购价格。
4. 对比同品目的高值医用耗材的收费价格和采购价格，检查是否按规定取消高值医用耗材加成，耗材价格实现"零差率"。
5. 检查高值医用耗材的定价是否严格执行价格主管部门规定的价格政策。
6. 检查高值医用耗材医保支付情况是否符合当地医用耗材医保支付管理的相关规定。

**要点提示：**

1. 公立医疗机构医用耗材应当取消加成，2019年年底前实现全部公立医疗机构医用耗材"零差率"销售，高值医用耗材销售价格按采购价格执行。公立医疗机构因取消医用耗材加成而减少的合理收入，主要通过调整医疗服务价格、财政适当补助、做好同医保支付衔接等方式妥善解决。公立医疗机构要通过分类集中采购、加强成本核算、规范合理使用等方式降低成本，实现良性平稳运行（《国务院办公厅关于印发治理高值医用耗材改革方案的通知》国办发〔2019〕37号）。

2. 完善医药服务价格形成机制。建立以市场为主导的药品、医用耗材价格形成机制，建立全国交易价格信息共享机制。治理药品、高值医用耗材价格虚高。完善医疗服务项目准入制度，加快审核新增医疗服务价格项目，建立价格科学确定、动态调整机制，持续优化医疗服务价格结构。建立医药价格信息、产业发展指数监测与披露机制，建立药品价格和招采信用评价制度，完善价格函询、约谈制度（《中共中央 国务院关于深化医疗保障制度改革的意见》中发〔2020〕5号）。

3. 医疗机构要建立医疗服务成本测算和成本控制管理制度，在不断完善医疗机构和科室成本核算的基础上，建立健全医疗服务项目的成本测算制度。

（1）医疗机构要密切监测医疗服务成本和收入结构变化，主动向相关部门提出调整医疗服务价格的意见建议。

（2）按照医疗服务项目、药品、医用耗材价格管理的有关规定，在确保医疗质量的前提下，构建成本控制的科学管理机制，通过事前控制、现场控制及反馈控制等环节，科学规范收费行为。

（3）医疗机构要建立医疗服务价格调价管理制度，确保严格执行医疗服务价格政策，建立顺畅的调价通知流程，及时调整或通知相关部门调整医疗服务价格（《关于印发医疗机构内部价格行为管理规定的通知》国卫财务发〔2019〕64号）。

4. 加强对公立医疗机构口腔医疗服务价格的政策指导。群众反映强烈、费用负担重的种植体植入费、牙冠置入费、植骨手术费以降为主。公立医疗机构口腔种植项目实行政府指导价管理的地区，各省级医疗保障部门要在2022年12月底前重新制定公布政府指导价。实行自主定价的地区，医疗保障部门应按照全流程医疗服务价格调控目标，组织各医疗机构在当地发布实施新价格项目的1个月内重新公布价格，促使价格水平与医院等级、专业地位、功能定位相匹配，定期发布本地区公立医疗机构自主定价的平均水平（《国家医疗保障局关于开展口腔种植医疗服务收费和耗材价格专项治理的通知》医保发〔2022〕27号）。

5. 医疗服务价格管理是重要的经济和民生事项，在管理过程中要坚决贯彻公立医疗机构公益性的基本理念，在具体项目、价格和政策上切实体现公益性。要坚持稳中求进、稳妥有序的工作基调，建立医疗服务价格动态调整机制并实质性运行，使医疗服务价格调整的时机、节奏、规模与经济社会总体形势、政策取向、医保基金收支等基本面相适应。要在省级层面统一动态调整机制的具体规则，明确启动条件和约束条件，健全价格调整程序、规则、指标体系，避免各行其是。按照设定的调整周期和触发机制做好评估，符合条件的，及时在总量范围内有升有降调整医疗服务价格，积极灵活运用医疗服务价格工具，有力支持公立医疗机构高质量发展，确保群众医药费用总体负担不增加（《国家医疗保障局办公室关于进一步做好医疗服务价格管理工作的通知》医保办发〔2022〕16号）。

6. 明确纳入医保支付的耗材范围。要适应医疗服务价格改革"技术劳务与物耗分开"的原则，加强医疗服务价格项目与医用耗材支付管理联动，逐步将未被纳入医疗服务项目价格构成的一次性医用耗材按规定纳入医保支付管理范围（《国家医疗保障局关于做好基本医疗保险医用耗材支付管理有关工作的通知》医保发〔2023〕23号）。

〖审计问题示例 5-1〗

问题定性：收费价格与采购价格不一致。

问题描述：通过对比医院 2022 年度 HIS 系统耗材收费表与耗材出入库明细表，发现有 3 项高值医用耗材的收费单价大于出库单价。具体如下：

（1）腔镜下切割吻合器，该耗材收费单价 2 300.00 元，出库（采购）单价 2 000.00 元。

（2）心脏瓣膜成形环，该耗材收费单价 9 800.00 元，出库（采购）单价 8 500.00 元。

（3）髋关节陶瓷球头，该耗材收费单价 9 000.00 元，出库（采购）单价 8 200.00 元。

医院存在部分耗材的收费单价大于采购单价，未取消医用耗材加成。

法规依据：《国务院办公厅关于印发治理高值医用耗材改革方案的通知》（国办发〔2019〕37号），"二、完善价格形成机制，降低高值医用耗材虚高价格。（四）取消医用耗材加成。取消公立医疗机构医用耗材加成，2019 年年底前实现全部公立医疗机构医用耗材'零差率'销售，高值医用耗材销售价格按采购价格执行。"《医疗机构内部价格行为管理规定》（国卫财务发〔2019〕64号）第二十一条，"医疗机构应当建立健全价格管理信息化制度，明确相关部门和岗位的职责与权限，确保软件系统操作与维护数据的准确性、完整性、规范性与安全性。"

审计建议：建议医院重新梳理本院耗材"零差率"政策落实情况，对未取消加成的，查明原因并及时整改。

## 第二节

# 收费项目合规情况审计

医院收费项目中，高值医用耗材作为一次性使用的医疗器械，在医疗过程中扮演着重要角色，它们通常涉及到复杂的手术操作或者对患者生活质量具有重大改善作用的产品，如介入治疗器械、植入物、人工器官等。在医院的收费项目中，高值医用耗材的费用通常会单独列出，不包含在医疗服务项目费用内，而是按照实际使用的品种规格、数量和单价来计算总费用。因此，加强高值医用耗材收费项目审批手续的完整性、确保收费标准的合规性是医院收费项目管理的重要部分，可以更好地保障医疗活动良性平稳地运行。

### 一、审计目标

目标1：确认医院高值医用耗材收费项目审批手续的完整性
目标2：确认医院高值医用耗材收费项目收费标准的合规性

### 二、审计依据

1. 医疗机构内部价格行为管理规定（国卫财务发〔2019〕64号）
2. 医疗保障基金使用监督管理条例（国务院令第735号）
3. 关于进一步做好医疗服务价格管理的通知（医保办发〔2022〕16号）

### 三、审计程序和要点

1. 调阅医院医疗服务价格项目管理制度、医院高值医用耗材收费项目管理相关文件，了解掌握医院收费项目管理情况。

2. 调取高值医用耗材收费项目明细，将高值医用耗材收费项目明细与物价部门核定的收费项目清单进行比对，检查医院是否存在未经审批擅自设立收费项目进行收费的情况。

3. 检查是否存在政府已取消而医院未及时取消且继续进行收费的高值医用耗材收费项目。

4. 检查是否存在随意改变高值医用耗材收费项目名称的情况。

5. 检查是否存在未按标准高值医用耗材收费项目名称进行收费的情况；是否存在高值医用耗材套用其他项目收费的情况。

6. 检查属地化的医保管理政策是否规范执行，特别关注高值医用耗材相关的医保基金规范使用情况。

**要点提示：**

1. 医疗机构应当建立费用清单（含电子清单）制度，以多种形式向患者提供医疗服务、药品、医用耗材等费用清单（病种、DRG 除外），并在患者需要时提供打印服务。费用清单主要内容应当包括：医疗服务项目、药品、医用耗材的名称和编码、单价、计价单位、使用日期、数量、金额等（《医疗机构内部价格行为管理规定》国卫财务发〔2019〕64 号）。

2. 医疗机构要建立新增医疗服务价格项目管理制度，按照《医疗技术临床应用管理办法》（国家卫生健康委员会令第 1 号）及其他相关管理规范的规定，坚持新增医疗服务价格项目以技术准入（许可）为先的原则，进行新增医疗服务价格项目立项和价格申报。规范新增医疗服务价格项目内部审核流程。新增医疗服务价格项目经医疗机构价格管理委员会审核论证后，报省级卫生健康行政部门按照医疗服务价格项目技术规范进行规范确认后，方可申报价格（《关于印发医疗机构内部价格行为管理规定的通知》国卫财务发〔2019〕64 号）。

3. 要以行业主管部门准许应用并明确技术规范的医疗服务作为受理审

核新增价格项目的具体范围。坚持服务产出导向的原则,积极对接国家医保局下发的价格项目立项指南,按程序将符合条件的技术规范事项转化为医疗服务价格项目。其中,技术规范所列医疗服务,现有价格项目可以兼容的,执行现有价格。属于同一医疗服务的不同操作步骤、技术细节、岗位分工的,转化为价格项目时,原则上合并处理,避免过度拆分。属于同一医疗服务以新方式或在新情境应用,资源消耗差异较大的,作为现有价格项目的加收或减收项;资源消耗差异相近的,作为现有价格项目的拓展项,按现有价格项目收费。属于医院应尽义务或内部管理事项,在项目成本构成和价格水平中体现,不单独设立医疗服务价格项目(《国家医疗保障局办公室关于进一步做好医疗服务价格管理工作的通知》医保办发〔2022〕16号)。

## 第三节

## 收费行为合规情况审计

医院应当以实时或定期更新的市场价格为依据进行计费、收费结算,并保证信息公开透明,及时适应市场价格和政策环境的变化,加强医用耗材价格与服务收费的同步与准确,避免多收、少收、误收和重复收费等收费不准确的情况发生。医院须建立健全内部监控机制,严格执行各类医用耗材的相关政策法规,确保向患者提供安全、有效、合理的医疗服务。

### 一、审计目标

目标1:确认高值医用耗材收费的准确性
目标2:确认高值医用耗材收费记录的完整性

## 二、审计依据

1. 医疗保障基金使用监督管理条例（国务院令第 735 号）

2. 价格违法行为行政处罚规定（国务院令第 585 号）

3. 关于印发 2023 年纠正医药购销领域和医疗服务中不正之风工作要点的通知（国卫医急函〔2023〕75 号）

4. 最高人民法院 最高人民检察院 公安部印发《关于办理医保骗保刑事案件若干问题的指导意见》的通知（法发〔2024〕6 号）

## 三、审计程序和要点

1. 调阅医院高值医用耗材计费、收费规定及费用减免等相关文件，了解掌握医院高值医用耗材计费、收费情况。

2. 了解掌握医院 HIS 系统中高值医用耗材的全字段患者信息数据情况。

3. 确定需要选取的维度数据，如：使用科室、高值医用耗材规格型号、高值医用耗材收费数量等。

4. 从医院 HIS 系统中按高值医用耗材品目分别调取审计期间内全字段患者信息数据，按照确定的维度数据进行样本量的选择。

5. 通过数据透视表等统计工具确定样本数据，同时可结合使用量较大的月份和人工参与程度高的环节一并综合考量，保证样本量充分且具有代表性。

6. 在选取的样本数据范围内核对 HIS 系统患者收费记录、门诊及住院病历记录和高值医用耗材条码信息等资料中的使用数量、规格、型号是否一一对应，并对存在差异的样本进行复核性分析。

7. 检查医院是否存在多收费、少收费，误收费、重复收费、分解收费等情况。

8. 比对 HIS 系统中收费数据、物资管理系统中出库数据，检查是否存在有出库记录而无相应收费记录的情况。

9. 了解医院费用减免制度的设立情况，检查医院高值医用耗材费用减免事项是否符合医院相关规定，是否按照医院的工作流程及审批权限执行。

10. 关注医院科研经费用于患者医疗费用的情况，调取患者病历记录以及耗材的收费标准，核对与科研经费支出金额的一致性。

**要点提示：**

1. 定点医药机构及其工作人员应当执行实名就医和购药管理规定，核验参保人员医疗保障凭证，按照诊疗规范提供合理、必要的医药服务，向参保人员如实出具费用单据和相关资料，不得分解住院、挂床住院，不得违反诊疗规范过度诊疗、过度检查、分解处方、超量开药、重复开药，不得重复收费、超标准收费、分解项目收费，不得串换药品、医用耗材、诊疗项目和服务设施，不得诱导、协助他人冒名或者虚假就医、购药（《医疗保障基金使用监督管理条例》国务院令第 735 号）。

2. 定点医药机构应当按照规定保管财务账目、会计凭证、处方、病历、治疗检查记录、费用明细、药品和医用耗材出入库记录等资料，及时通过医疗保障信息系统全面准确传送医疗保障基金使用有关数据，向医疗保障行政部门报告医疗保障基金使用监督管理所需信息，向社会公开医药费用、费用结构等信息，接受社会监督（《医疗保障基金使用监督管理条例》国务院令第 735 号）。

3. 经营者不执行政府指导价、政府定价，有下列行为之一的，责令改正，没收违法所得，并处违法所得 5 倍以下的罚款；没有违法所得的，处 5 万元以上 50 万元以下的罚款，情节较重的处 50 万元以上 200 万元以下的罚款；情节严重的，责令停业整顿：

（1）超出政府指导价浮动幅度制定价格的；

（2）高于或者低于政府定价制定价格的；

（3）擅自制定属于政府指导价、政府定价范围内的商品或者服务价格的；

（4）提前或者推迟执行政府指导价、政府定价的；

（5）自立收费项目或者自定标准收费的；

（6）采取分解收费项目、重复收费、扩大收费范围等方式变相提高收费标准的；

（7）对政府明令取消的收费项目继续收费的；

（8）违反规定以保证金、抵押金等形式变相收费的；

(9) 强制或者变相强制服务并收费的；

(10) 不按照规定提供服务而收取费用的；

(11) 不执行政府指导价、政府定价的其他行为（《价格违法行为行政处罚规定》国务院令第585号）。

4. 加强医保基金规范管理及使用。聚焦重点科室、重点领域、重点监控药品和医保结算费用排名靠前的药品耗材，规范医保基金管理使用。持续开展打击虚假就医、医保药品倒卖等欺诈骗保行为（《关于印发2023年纠正医药购销领域和医疗服务中不正之风工作要点的通知》国卫医急函〔2023〕75号）。

5. 持续推进医药价格和招采信用评价。进一步加强与相关部门信息共享，根据司法机关以及行政部门认定的医药商业贿赂、垄断等案件事实，评定医药企业失信等级，采取信用风险警示、限制挂网等不同程度的处置约束措施，发挥医药集中采购市场的引导约束作用（《关于印发2023年纠正医药购销领域和医疗服务中不正之风工作要点的通知》国卫医急函〔2023〕75号）。

6. 定点医药机构（医疗机构、药品经营单位）以非法占有为目的，实施下列行为之一，骗取医疗保障基金支出的，对组织、策划、实施人员，依照《中华人民共和国刑法》第二百六十六条的规定，以诈骗罪定罪处罚；同时构成其他犯罪的，依照处罚较重的规定定罪处罚：

(1) 诱导、协助他人冒名或者虚假就医、购药，提供虚假证明材料，或者串通他人虚开费用单据；

(2) 伪造、变造、隐匿、涂改、销毁医学文书、医学证明、会计凭证、电子信息、检测报告等有关资料；

(3) 虚构医药服务项目、虚开医疗服务费用；

(4) 分解住院、挂床住院；

(5) 重复收费、超标准收费、分解项目收费；

(6) 串换药品、医用耗材、诊疗项目和服务设施；

(7) 将不属于医疗保障基金支付范围的医药费用纳入医疗保障基金结算；

(8) 其他骗取医疗保障基金支出的行为。

定点医药机构通过实施前款规定行为骗取的医疗保障基金应当予以追缴。定点医药机构的国家工作人员，利用职务便利，实施第一款规定的行为，骗取医疗保障基金，依照《中华人民共和国刑法》第三百八十二条、第三百八十三条的规定，以贪污罪定罪处罚（《最高人民法院 最高人民检察院 公安部印发〈关于办理医保骗保刑事案件若干问题的指导意见〉的通知》法发〔2024〕6号）。

7. 医院在使用高值医用耗材前，应向患者明确告知耗材名称、规格型号、收费标准等信息，并尊重患者的知情同意权，签订患者知情同意书，确保收费透明且符合相关法规的要求。另外，医院应当确保使用的所有高值医用耗材均在国家或地方定价目录范围内，并按照规定标准进行收费。

8. 医院应当根据国家或地方物价部门制定的收费标准，结合集中采购、招标结果等信息，确定所有高值医用耗材的具体收费项目及其价格。医院对于新型或未定价的高值医用耗材，需要通过专家论证、成本调查以及相关部门审批后确定具体收费标准。

☞小贴士：

1. 近年来，国家和省级医疗保障行政部门针对定点医药机构等不规范使用基金问题多发频发的现象不定期开展医疗保障基金飞行检查。一些定点医药机构通过挂床住院、违规收费、串换医药服务项目、过度诊疗等手段违规使用医保基金；有些甚至通过虚构医药服务项目、诱导虚假就医购药等手段恶意骗取医保基金。医院应当规范使用医保基金，强化自律管理，规范诊疗行为，进一步提高医保基金使用效率。

2. 高值医用耗材管理的主要内容包括物资运动形成的管理和财务价值运动形成的管理，它是技术与经济结合的有机整体。然而，现行管理模式下，物资的管理在使用科室，财务价值管理在职能科室，账物管理之间的信息平台往往不能及时联动，相关管理部门都只能在各自管理层面上对高值医用耗材进行文字或数据处理，缺少对临床科室耗材使用情况的监控，导致医用耗材的收费不准确，多收、少收、漏收和误收等情况时有发生。目前，医用耗材计费、收费主要存在的问题如下：

（1）由于在进行医用耗材收费时存在较大的随意性，并且难以对价格的准确性进行审核，部分医院存在分解收费的情况。

（2）由于医用耗材的价格具有时效性，医院相关部门对耗材价格信息不能及时地进行沟通，导致物价管理部门对医用耗材价格更新不及时，使得科室计费人员仍采用更新前的价格进行计费，导致错误收费。

（3）由于医用耗材存在种类多、规格复杂的特点，科室计费人员对医用耗材的计费单位掌握不准确，使得医院在收费时难以保证对每笔业务中所使用的医用耗材进行准确计算，导致超额收费或重复收费。

（4）在收费过程中，存在收费时间晚于医用耗材所使用的时间，导致医用耗材价格等基本信息不能准确反映收费时的市场价格，也会导致多收费、少收费。

（5）部分医院可能存在过度使用耗材、虚构收费项目等违规行为，存在医用耗材超标准收费、超范围收费等现象。

3. SQL 数据分析，是指借助 SQL Server 数据库中 SQL 查询帮助我们发现医疗收费数据背后隐藏的收费价格信息，通过对这些信息进行分析对比，找出医疗机构乱收费的问题，促使医疗机构加强内部价格管理，规范收费行为。具体来讲，先提取医疗收费原始数据，加工处理业务数据并导入 SQL Server 数据库，根据检查目的编写输入 SQL 查询语句，执行 SQL 查询语句得到异常收费明细表，依据《医疗服务价格项目规范》对比项目名称、编码、内涵、价格、说明等验证检查结果，归纳汇总异常收费数据和事实。

『审计问题示例 5-2』

问题定性：耗材超标准收费。

问题描述：医院 2022 年 3 月 1 日某患者手术记录显示：球囊类治疗器械为 3 个，而 HIS 收费记录显示：球囊类治疗器械收费记录为 4 个。该手术事项的 HIS 收费多收费 1 个，多收 4 800.00 元，且无对应手术记录描述。

法规依据：《价格违法行为行政处罚规定》第九条，"经营者不执行政府指导价、政府定价，有下列行为之一的，责令改正，没收违法所得，并处违法所得 5 倍以下的罚款；没有违法所得的，处 5 万元以上 50 万元以下的罚款，情节较重的处 50 万元以上 200 万元以下的罚款；情节严重的，责令停业整顿:(六)采取分解收费项目、重复收费、扩大收费范围等方式变相提高收费标准的;(十)不按照规定提供服务而收取费用的。"《医疗保障基金使用监督管理条例》(国务院令第735号)第十五条,"定点医药机构及其工作人员应当执行实名就医和购药管理规定,核验参保人员医疗保障凭证,按照诊疗规范提供合理、必要的医药服务,向参保人员如实出具费用单据和相关资料,不得分解住院、挂床住院,不得违反诊疗规范过度诊疗、过度检查、分解处方、超量开药、重复开药,不得重复收费、超标准收费、分解项目收费,不得串换药品、医用耗材、诊疗项目和服务设施,不得诱导、协助他人冒名或者虚假就医、购药。"

审计建议:建议医院加强收费事项的准确性及日常监管,查明差异原因并及时处理。

# 第六章 高值医用耗材退费管理情况审计

## 第一节

## 退费制度建设及授权管理情况审计

医院门诊或住院退费是指医院在门诊或住院收费后,由于因各种原因产生的退费请求,而进行的相应退费处理。该事项涉及到患者的权益、医院的财务安全以及医疗资源的合理利用。高值医用耗材退费是医院退费管理中的一个重要内容,通常涉及金额较大。为了确保退费流程的顺畅、合规,医院需要建立一套完善的退费管理制度,明确退费的申请、审核、处理程序,保障患者的合法权益,并加强对退费事项的审核和监管。

### 一、审计目标

目标1:确认高值医用耗材退费制度的建立和执行情况

目标2:确认高值医用耗材退费授权合理合规

目标3:确认高值医用耗材退费单据审核情况

### 二、审计依据

医院门、急诊退费管理办法[①]

### 三、审计程序和要点

1. 查阅费用减免、退费管理等制度、业务流程,检查医院是否建立了退费管理制度、票据及印章管理制度等,检查退费制度的执行情况。

2. 审查是否有收费员以外的专人对收、退款业务进行稽核,稽核记录是否完整,是否严格执行不相容岗位相分离,分岗设权、分岗授权,是否

---

① 编者注:《医院门、急诊退费管理办法》是编者所在医院的文件名称,此方面内容暂无国家层面统一制度,各医院一般各自制定本单位的制度。后文同。

对退费业务的全过程、全方位、全覆盖进行监控。

3. 对比医院的授权审批文件及退费审批单等资料，检查退费授权审核是否规范，是否存在非授权人审批签字情况，退费审批权限是否相互分离、彼此制约。

**要点提示：**

1. 退费单内容参考：患者姓名、病历号、身份证号码、退费理由（不得简化）、人民币大小写金额（金额不得涂改）、科室退费授权审批人审签、领款人签字、家庭住址、联系方式、实际退款金额、重开收据号、重开金额等。

2. 门（急）诊、住院退费程序参考：严格执行退费审签规定，各科室退费应经科室负责人或科室退费授权人签批同意。窗口结算人员办理退费时要认真负责，仔细核对，查看退费单信息填写是否完整规范，有无涂改，手续齐全方能办理。隔日退费需要进行授权。当日办理退费时无须授权，隔日办理退费须经专人进行授权，授权人员须对退费单进行二次核对，确认无误后方能授权办理退费。

3. 在内部控制流程设计的过程中，要充分利用医院现有的系统，按照制度流程，在系统中设置各相关岗位的退费审批权限，明确不同岗位人员的职责及权限。如在医疗科室执行的业务，只有科室主任、护士长或授权指定人员能进入退费操作界面进行退费审核，同时强化财务相关岗位对退费业务的人工复核，通过逐级审批、专岗核查，有效防范退费业务舞弊的风险隐患。

☞**小贴士：**

1. 退费单参考格式（见表6-1）。

2. 医院退费审计是对医院退费行为进行审查的一种活动，主要内容包括退费的内部控制机制建立情况、退费审批人授权情况和特殊退费事项的合法合规性。在实施审计时，需要综合考虑医院的实际情况，关注退费过程中的风险点，查找流程漏洞级隐患，提出管理建议，使得医院的财务资产安全得到有效保障。

表 6–1　　　　　　　　　　退费单（参考）

年　月　日

| 姓名 | | 病历号 | | 科别 | |
|---|---|---|---|---|---|
| 原因 | | | | | |
| 退费金额（大写） | | | | ¥　（小写）　原收据　　张 | |
| 科主任（授权人） | | 主治医生 | | 会计主管 | |

收费员：　　　　　　　　　收款人：
收费处签章　　　　　　　　住址：
　　　　　　　　　　　　　电话：
　　　　　　　　　　　　　身份证号：

### 『审计问题示例 6–1』

问题定性：退费非授权人审签。

问题描述：抽查医院 2021 年 2 月的高值医用耗材退费单据，对比授权书及退费单上审签人，发现心外科和口腔科审签人员非退费授权审批人，未见临时授权书。

法规依据：《医院门、急诊退费管理办法》。

审计建议：建议医院加强退费事项的审批，严格落实医院的退费管理制度，强化退费风险的管理。

### 『审计问题示例 6–2』

问题定性：退费审批不合规。

问题描述：审计人员抽查医院的退费单据，发现个别退费业务单中没有财务部门授权人的审批记录便进行退费处理。缺少必要的退费审批环节，存在退费管理风险。

法规依据：《医院门、急诊退费管理办法》。

审计建议：建议医院严格执行退费审批流程，利用信息化手段，设置有效的风险控制流程。

## 第二节

## 退费流程管理情况审计

审查医院退费流程是否合规，首先需要了解医院退费流程的具体规定，包括退费的标准、退费的条件、退费的时限等。对退费流程的执行情况进行评价，并对退费流程中存在的问题提出改进措施。本部分聚焦于三个主要目标，以确保退费流程的合规性和退费原因等信息的完整性。

### 一、审计目标

目标1：确认高值医用耗材退费流程合规性

目标2：确认高值医用耗材退费原因等信息完整

目标3：确认高值医用耗材退费签收情况

### 二、审计依据

医院门、急诊退费管理办法

### 三、审计程序和要点

1. 调取HIS系统中的退费数据，查阅退费单据，检查退费流程是否符合相关法律法规和医院的制度。这包括但不限于退费政策、退费时限、退费方式等。通过深入调查和分析，评估医院退费流程是否规范、透明，是否存在违规操作。

2. 调阅退费单据，核实患者退费原因、患者信息等内容的完整性，包括退费申请、退费原因、退费金额等关键信息。关注医院对患者退费原因的处理和记录，包括是否及时、准确地记录退费原因，审查退费原因是否存在不合理的情况。

3. 调阅退费单据，确认患者的退费签收情况。这包括退费金额的核对、退费方式的确认以及退费时间的记录等；核实患者是否及时、准确地签收了退费。还应特别关注退费非原渠道、患者未签字确认和退费异常等情况。

**要点提示：**

1. 医院退费原因主要分为医院原因、医生原因和患者原因等。医院应深入分析退费原因，采取相应措施进行改进，对医生进行培训和监管，确保医疗服务的专业性和准确性。不断加强内部管理，完善退费流程。审查退费单据时须查看退费原因的合理性，对于不合理的退费原因或过于简单的填写，应与审核人进行进一步的核实。

2. 退费流程图（见图6-1）

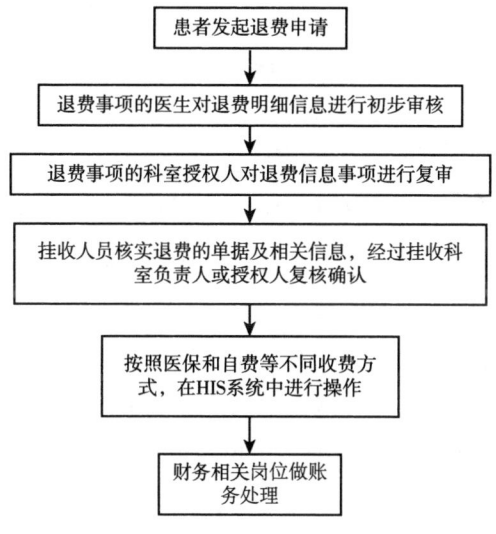

图6-1 退费流程图

☞**小贴士：**

1. 患者退费可以分为医院原因、医生原因和患者原因引起的三类退费行为。

（1）对于医院原因引起的退费行为，这通常涉及到系统错误、医疗事件、多收费或者未能提供治疗等问题。

①门诊收费处的工作人员在执行收费操作时,未能严格按照医院规定的收费制度进行,缺乏与患者之间的充分沟通,导致在患者要求的支付方式不符合规定或所带费用不足的情况下,仍错误地操作医院收费系统完成了收费,进而引发了不必要的退费情况;

②患者在通过门诊窗口、自助终端或移动终端进行缴费时,因机器设备故障或网络环境问题等客观原因,发生了重复缴费的现象。

(2) 对于医生原因引起的退费则可能涉及诊断偏差产生的问题、治疗方案不当、服务态度不佳等。

①若医生未能全面理解医院信息系统,或未深入了解患者实际状况,从而错误开具或重复开具检查化验或治疗项目,当这些问题在医技科室被发现时,亦会导致退费的发生;

②医技检查治疗方面的原因亦可能引起退费,例如医疗设备突发故障,或检查预约等待时间过长,导致患者无法耐心等待而选择退费。

(3) 患者原因引起的退费,可能包括患者自身健康状况的变化、无法继续接受治疗或者对治疗效果不满意等。

①在门诊诊疗过程中,如果患者在服用医生开具的药物后出现过敏反应或其他不良反应,或药物疗效不明确,患者同样可能会要求退费;

②若患者的病情出现变化,需要住院或转至其他医院继续治疗,此时患者可能会对尚未完成的检查检验项目提出退费申请;

③对于医保患者,由于对医保政策了解不足,有时在自费缴费后,会事后提出希望享受医保待遇并缴纳相应费用,这也可能引发退费情况。

2. 审计人员对医院门诊退费手续和存档资料进行不定期抽查,对退费控制系统的执行情况进行监督。退费手续涉及多部门、多环节,其中涉及财务、医疗、管理等各个方面,因此内控设计的完善程度直接关系到医院的经济效益和患者的权益。还需关注退费手续的规范性。退费手续应该严格按照医院制定的规定进行,包括退费申请、审核、审批、执行等各个环节。检查退费手续是否齐全、规范,是否符合医院的规定,是否存在违规操作的情况。如果发现退费手续存在问题,审计人员需要及时向相关部门提出改进建议,并监督整改情况。

3. 医院应该制定明确的退费政策,并将其公示在明显的位置,方便患者查询。同时，还应该对患者进行必要的告知，确保患者在退费过程中能够明确自己的权益。医院还应该对退费流程管理情况进行总结和评价，对退费过程进行记录和归档，以备查阅和审计。

4. 优化退费路径建议。

(1) 强化信息化管控，将退费流程全面整合至 HIS 收费系统。通过对就医挂号、诊察、检查、取药、治疗等各个环节的严密监控，确保收费与退费数据的可追溯性和可复核性，建立起一套完善的内部信息监控机制，以保障各项操作的规范性和准确性。

(2) 严格执行内部控制，为强化内部控制机制，应合理划分退费相关的各个岗位，确保办理退费、审核退费、内部稽核以及财务记账等职责明确、分工清晰、相互监督、相互制约。同时，实施定期轮岗制度，以降低岗位舞弊的风险。医院应组织财务、审计、纪检等部门开展不定期抽查，以确保财务安全，避免财务风险的发生。

『审计问题示例 6-3』

问题定性：退费流程不规范。

问题描述：抽查医院 2021 年 5 月退费单据，退费原因处填写为"请退费"，且无患者签字。通过访谈护士了解到，该患者因身体原因未进行关节置换手术所以需要进行退费。退费单据未体现实际退费理由。

法规依据：《医院门、急诊退费管理办法》。

审计建议：建议医院严格审核退费单据理由，完整填写退费单据，落实医院的退费管理制度。

『审计问题示例 6-4』

问题定性：退费单患者信息不完整。

问题描述：抽查医院的高值医用耗材退费单据，患者未填写正确的身份证号码，收费员未核实一致即进行退费处理。

法规依据：《医院门、急诊退费管理办法》

审计建议：建议退费审核人员严格把关，及时提醒患者填写完整信息，加强风险防控意识。

# 第七章 高值医用耗材财务管理情况审计

## 第一节

## 预算管理情况审计

高值医用耗材的预算管理对于控制高值医用耗材的支出、优化资源配置具有至关重要的作用。医院应制定科学合理的预算方案，充分考虑临床需求、耗材价格波动等因素，确保预算的合理性和可行性。同时，要加强对预算执行情况的监督和分析，及时发现和解决预算偏离问题，确保预算的严肃性和准确性。

### 一、审计目标

目标：确认采购金额为预算内支出

### 二、审计依据

1. 中华人民共和国预算法（国务院令第729号）
2. 中共中央 国务院关于全面实施预算绩效管理的意见（中发〔2018〕34号）
3. 财政部关于印发《部门决算管理办法》的通知（财库〔2021〕36号）
4. 国家卫生健康委 国家中医药管理局关于印发公立医院全面预算管理制度实施办法的通知（国卫财务发〔2020〕30号）

### 三、审计程序和要点

1. 查阅医院的预算管理制度，检查该制度是否将高值医用耗材的采购支出纳入预算管理范畴，确保在预算编制阶段充分考虑临床需求和耗材成本，从而合理确定采购数量和金额。

2. 查阅部门预算编制及批复文件、预算明细等资料，查看高值医用耗材采购是否纳入年度部门预算，该项采购金额未单独体现在部门预算列表中，须确认院内汇总上报预算是否包含高值医用耗材采购金额。

3. 查阅预算绩效评价表等资料，检查是否开展对高值医用耗材支出的预算绩效评价，评价结果是否有效运用，预算绩效评价是衡量资源利用效率、管理效果及实现预定目标程度的重要手段。对于高值医用耗材这类成本较高的资源，开展预算绩效评价尤为重要。

**要点提示：**

1. 全面预算管理，是指医院对所有经济活动实行全面管理，全部纳入预算管理范围。涉及到医院内部所有经济活动的全面规划和管理，确保医院经济活动的有序、高效和透明。

医院内部需要建立健全的全面预算管理制度。制度的建立应以医院的战略发展规划和年度计划目标为依据，通过预算手段对医院内部各类经济资源进行分配、使用、控制和考核等各项管理活动。有助于确保医院内部各部门之间的协同和配合，实现资源的优化配置。

全面预算管理包括收入预算、支出预算、成本费用预算、筹资投资预算以及业务预算等方面。收入预算主要关注医院的收入来源和规模，以确保医院有足够的资金支持其运营和发展。支出预算则关注医院各项支出的合理性和必要性，以防止浪费和滥用资金。成本费用预算则主要关注医院在运营过程中产生的各项成本和费用，以优化成本控制和提高经济效益。筹资投资预算则关注医院的资金筹措和投资决策，以确保医院的资金安全和增值。业务预算则主要关注医院各项业务的开展和规划，以推动医院业务的不断拓展和创新。

为了更好地实施全面预算管理，医院还需要加强预算执行的监督和考核。通过定期对预算执行情况进行检查和分析，可以及时发现和解决预算执行中的问题，确保预算的顺利实施。

2. 医院作为预算编制、执行、决算的主体，承担着重要的财务责任。为了确保预算的合理性和准确性，医院应当严格按照规定的编制口径、报表格式和编制规范进行预算编制和决算报告的报送。有助于医院内部的财务管理，也有助于业务主管部门对医院的财务状况进行监督和评估。

业务主管部门在接收各医院的预算报告后，应当组织专家进行论证，对预算的合理性和可行性进行深入分析。医院在接收到业务主管部门的审核意见后，应当及时进行调整和完善，确保预算的可行性和有效性。

『审计问题示例 7-1』

问题定性：高值医用耗材采购支出超预算。

问题描述：查看医院的年度预算编制资料，其中高值医用耗材采购预算为 1 800 万元。经审计人员统计全年高值医用耗材支出金额为 2 000 万元，支出超预算，且未进行中期预算调整。

法规依据：财政部印发的《行政事业单位内部控制规范（试行）》（财会〔2012〕21 号）第十一条，"单位进行经济活动业务层面的风险评估时，应当重点关注以下方面：（一）预算管理情况。包括在预算编制过程中单位内部各部门间沟通协调是否充分，预算编制与资产配置是否相结合、与具体工作是否相对应；是否按照批复的额度和开支范围执行预算，进度是否合理，是否存在无预算、超预算支出等问题；决算编报是否真实、完整、准确、及时。"

审计建议：建议准确、完整地编制年度高值医用耗材采购预算。

## 第二节

## 货款结算情况审计

在进行高值医用耗材货款结算审计时，需要了解货款的支付方式、支付周期、支付金额以及相关的凭证和单据等方面，核实货款结算的合规性、准确性和及时性。特别需要关注国家对中小企业的相关扶持政策。

## 一、审计目标

目标1：确认货款结算落实国家政策

目标2：确认往来款项处理情况

目标3：确认高值医用耗材货款结算按采购合同执行

## 二、审计依据

1. 支付结算办法（银发〔1997〕393号）
2. 关于印发公立医院内部控制管理办法的通知（国卫财务发〔2020〕31号）
3. 保障中小企业款项支付条例（国务院令第728号）

## 三、审计程序和要点

1. 调阅医院财务明细账、序时账、抽取采购付款业务凭证，检查支付流程的审批手续是否完整、发票是否有效，货款的收款单位与合同约定的供应商是否一致，是否按照合同约定的付款方式进行结算。

2. 通过审查账簿，可以了解高值医用耗材的经济事项是否合规，是否存在异常交易或违规行为。通过对序时账的分析，检查高值医用耗材的经济事项是否按照时间顺序进行，是否存在滞后或提前结算的情况。

3. 对于高值医用耗材价值高、支出大的货款结算，是否执行医院的"三重一大"制度，审查是否属于大额资金支付情况，是否按规定进行集体决策。

4. 关注医院是否落实了中小企业款项支付的相关政策。中小企业是经济发展的重要力量，政府和社会各界都在积极推动对中小企业的支持。医院应当积极响应这一政策导向，确保及时结算中小企业款项，支持中小企业的健康发展。

5. 检查医院是否按照合同约定的时间节点及时结算高值医用耗材款项，避免出现提前支付、延迟支付或拖欠的情况。同时检查是否及时处理往来款项，避免出现长期挂账或呆账的情况。

6. 在调阅医院财务明细账、抽取采购付款业务凭证的过程中，检查支付流程的审批手续是否完整、发票是否有效。检查支付流程是否都经过适当的审批，并且所有发票都是真实有效的。核实收款单位与约定的供应商是否一致，确保资金支付的准确性和合规性。

7. 查阅高值医用耗材支付结算相关资料，审核医院签发票据、填写结算凭证是否符合规定，票据和结算凭证上的签章是否符合规定。

**要点提示：**

1. 对于高值医用耗材的货款结算审计，首要目标是确保货款结算落实国家政策。例如，国家规定某些高值医用耗材的采购价格、付款方式、结算周期等，审计需要确保这些政策在实际操作中得到严格执行。审计人员需要深入了解国家相关政策和规定，并结合实际情况进行审查。关注货款结算过程中的各个环节，如采购、验收、入库、出库、发票等都符合国家政策要求。还应关注货款结算的时效性和准确性，以确保资金使用的合规性和有效性。

2. 高值医用耗材的货款结算涉及多个环节及医院内部多部门（财务部门、高值医用耗材管理部门），且与供应商往来款项较多。需要确认往来款项的处理情况，包括货款结算的及时性、准确性和完整性。

应重点关注以下几个方面：

（1）供应商与医院之间的合同执行情况，包括交货时间、数量、质量等；

（2）货款支付的及时性和准确性，包括支付方式、支付金额、支付时间等；

（3）核对往来款项和货款结算情况，确保双方账目清晰、一致。

审计人员可以通过抽查、核对、函证等方式进行审查。例如，可以抽查部分采购合同和发票，核对付款金额和时间是否与合同约定一致；同时，还可以与供应商进行函证，了解往来款项的处理情况，确保货款结算的合规性和准确性。

3. 中小企业与机关、事业单位、大型企业订立合同时，应当主动告知其属于中小企业。

机关、事业单位和大型企业不得要求中小企业接受不合理的付款期限、方式、条件和违约责任等交易条件，不得违约拖欠中小企业的货物、工程、服务款项。机关、事业单位使用财政资金从中小企业采购货物、工程、服务，应当严格按照批准的预算执行，不得无预算、超预算开展采购。机关、事业单位从中小企业采购货物、工程、服务，应当自货物、工程、服务交付之日起30日内支付款项；合同另有约定的，付款期限最长不得超过60日。

4. 采购限额标准以上，200万元以下的货物和服务采购项目、400万元以下的工程采购项目，适宜由中小企业提供的，采购人应当专门面向中小企业采购。超过200万元的货物和服务采购项目、超过400万元的工程采购项目中适宜由中小企业提供的，预留该部分采购项目预算总额的30%以上专门面向中小企业采购，其中预留给小微企业的比例不低于60%。

5. 中小企业参加政府采购活动，应当出具《关于印发〈政府采购促进中小企业发展管理办法〉的通知》（财库〔2020〕46号）规定的《中小企业声明函》，否则不得享受中小企业相关扶持政策。任何单位和个人不得要求供应商提供《中小企业声明函》之外的中小企业身份证明文件。

☞小贴士：

1. 中小企业声明函示例：

### 中小企业声明函（货物）

本公司*(联合体)* 郑重声明，根据《政府采购促进中小企业发展管理办法》（财库〔2020〕46号）的规定，本公司*(联合体)* 参加*(单位名称)* 的*(项目名称)* 采购活动，提供的货物全部由符合政策要求的中小企业制造。相关企业*(含联合体中的中小企业、签订分包意向协议的中小企业)* 的具体情况如下：

1. *(标的名称)* ，属于*(采购文件中明确的所属行业)* 行业；制造商为*(企业名称)* ，从业人员____人，营业收入为____万元，资产总额为____万元，属于*(中型企业、小型企业、微型企业)* ；

2. *(标的名称)* ，属于*(采购文件中明确的所属行业)* 行业；制造商为*(企业名称)*，从业人员____人，营业收入为____万元，资产总额为____万元，属于*(中型企业、小型企业、微型企业)*；

……

以上企业，不属于大企业的分支机构，不存在控股股东为大企业的情形，也不存在与大企业的负责人为同一人的情形。

本企业对上述声明内容的真实性负责。如有虚假，将依法承担相应责任。

企业名称（盖章）：

日期：

2. 中小企业政策执行时涉及多部门，要切实落实政策要求，需要多部门共同协调配合，相互告知、提示，信息共享，如采购部门编制预算时就要考虑政策的要求，采购后要与财务部门及时沟通，告知中小企业目录，财务部门办理款项支付时可更好地执行政策。医院内部审计人员可从更全面、更高的视角思考类似的审计问题，进而向医院管理者提出高质量的管理建议。

中小企业政策的有效执行，对推动我国经济持续健康发展具有重要意义。在这一过程中，多部门间的协同合作显得尤为关键。为了确保政策能够落地生根，各科室之间必须建立起一套行之有效的沟通机制。这种机制不仅要求各科室在日常工作中保持紧密的联系，还需要在关键时刻能够迅速响应，共同解决问题。

『审计问题示例 7-2』

问题定性：财务结算不及时。

问题描述：对于中小企业耗材结算支付事项，未履行中小企业扶持政策，付款时间不及时。C 医院支付某耗材供应公司货款，合同约定为 2021 年 3 月 10 日到货，货物验收为 2021 年 3 月 10 日，支付货款日期为 2021 年 10 月 30 日。

法规依据：《保障中小企业款项支付条例》（国务院令第 728 号）第八条，"机关、事业单位从中小企业采购货物、工程、服务，应当自货物、工程、服务交付之日起 30 日内支付款项；合同另有约定的，付款期限最长不得超过 60 日。"

**审计建议**：建议医院加强科室之间的协调联动，重大政策要求进行信息共享，在多环节工作中切实落实中小企业扶持政策。

## 第三节

## 会计核算情况审计

高值医用耗材的会计核算是体现高值医用耗材经济事项的记录，通过审查会计核算、分析相关财务数据，可以了解耗材的使用情况和经济效益，对会计核算过程中的问题提出改进建议，从而降低医院会计核算风险。

### 一、审计目标

目标 1：确认账账相符

目标 2：确认盘点结果有效应用

目标 3：确认及时对账并清理往来款项

目标 4：确认高值医用耗材成本得到有效控制

### 二、审计依据

1. 部门决算管理办法（财库〔2021〕36 号）

2. 国家卫生计生委关于印发预算管理单位国有资产使用管理办法的通知（国卫财务发〔2015〕85 号）

3. 政府会计制度——行政事业单位会计科目和报表（财会〔2017〕25 号）

4. 财政部关于印发医院执行《政府会计制度——行政事业单位会计科

目和报表》的补充规定和衔接规定（财会〔2018〕24号）

### 三、审计程序和要点

1. 审查高值医用耗材的会计核算相关制度，会计核算方法和程序要符合国家有关财务制度和会计准则的规定。会计核算程序要规范有序，从凭证的填制、审核、记账到报表的编制、审核、报送等各个环节都要有明确的职责和操作流程。

2. 调取医院物资出入库月报表与同期存货科目余额进行核对，审查账账是否相符。

3. 查阅高值医用耗材的盘点记录和会计凭证等资料，重点关注盘盈盘亏的审批流程是否符合医院内部管理规定，是否及时进行了账务处理，确保账实相符。

4. 医院还应定期与耗材管理部门进行账务核对，以确保双方记录的准确性和一致性。通过定期核对，可以及时发现和解决财务管理中存在的问题，提高医院资产管理的效率和准确性。

5. 查阅财务报表、医疗费用清单等相关数据，计算高值医用耗材费用占医疗收入的比例是否在合理区间内，是否符合医院运营管理要求。对高值医用耗材的使用情况进行实地考察和调查，了解医生、护士等医务人员的操作规范和使用习惯，是否对耗材使用量产生影响。

**要点提示：**

1. 《财政部关于医院执行〈政府会计制度——行政事业单位会计科目和报表〉的补充规定》（财会〔2018〕24号）规定：

（1）医院应当在新制度规定的"1302 库存物品"科目下设置"130201 药品""130202 卫生材料""130203 低值易耗品""130204 其他材料"和"130205 成本差异"明细科目。在"130202 卫生材料"科目下设置"13020201 血库材料""13020202 医用气体""13020203 影像材料""13020204 化验材料"和"13020205 其他卫生材料"明细科目，分别核算相关物品的成本。

（2）医院应当在新制度规定的"5001 业务活动费用"科目下按照经

费性质（财政基本拨款经费、财政项目拨款经费、科教经费、其他经费）进行明细核算，并对政府指令性任务进行明细核算。此外，医院除遵循新制度规定外，还可根据管理要求，参照《政府收支分类科目》中"部门预算支出经济分类科目"对业务活动费用进行明细核算，在新制度规定的"商品和服务费用"明细科目下设置"专用材料费"明细科目，并按照"卫生材料费""药品费"进行明细核算。

(3) 医院应当在新制度规定的"5101 单位管理费用"科目下按照经费性质（财政基本拨款经费、财政项目拨款经费、科教经费、其他经费）进行明细核算。医院可根据管理要求，参照《政府收支分类科目》中"部门预算支出经济分类科目"进行明细核算，在新制度规定的"商品和服务费用"明细科目下设置"专用材料费"明细科目，并按照"卫生材料费""药品费"进行明细核算。

(4) 关于运杂费的会计处理，医院为取得库存物品单独发生的运杂费等，能够直接计入业务成本的，计入业务活动费用，借记"业务活动费用"科目，贷记"库存现金""银行存款"等科目；不能直接计入业务成本的，计入单位管理费用，借记"单位管理费用"科目，贷记"库存现金""银行存款"等科目。

2. 取得的库存物品，应当按照其取得时的成本入账。

(1) 外购的库存物品验收入库，按照确定的成本，借记"库存物品"科目，贷记"财政拨款收入""零余额账户用款额度""银行存款""应付账款""在途物品"等科目。

(2) 接受捐赠的库存物品验收入库，按照确定的成本，借记"库存物品"科目，按照发生的相关税费、运输费等，贷记"银行存款"等科目，按照其差额，贷记"捐赠收入"科目。接受捐赠的库存物品按照名义金额入账的，按照名义金额，借记本科目，贷记"捐赠收入"科目；同时，按照发生的相关税费、运输费等，借记"其他费用"科目，贷记"银行存款"等科目。

(3) 无偿调入的库存物品验收入库，按照确定的成本，借记"库存物品"科目，按照发生的相关税费、运输费等，贷记"银行存款"等科目，按照其差额，贷记"无偿调拨净资产"科目。

（4）置换换入的库存物品验收入库，按照确定的成本，借记"库存物品"科目，按照换出资产的账面余额，贷记相关资产科目（换出资产为固定资产、无形资产的，还应当借记"固定资产累计折旧""无形资产累计摊销"科目），按照置换过程中发生的其他相关支出，贷记"银行存款"等科目，按照借贷方差额，借记"资产处置费用"科目或贷记"其他收入"科目。

3. 库存物品在发出时，分别以下情况处理：

（1）单位开展业务活动等领用、按照规定自主出售发出或加工发出库存物品，按照领用、出售等发出物品的实际成本，借记"业务活动费用""单位管理费用""经营费用""加工物品"等科目，贷记本科目。

（2）经批准对外捐赠的库存物品发出时，按照库存物品的账面余额和对外捐赠过程中发生的归属于捐出方的相关费用合计数，借记"资产处置费用"科目，按照库存物品账面余额，贷记本科目，按照对外捐赠过程中发生的归属于捐出方的相关费用，贷记"银行存款"等科目。

（3）经批准无偿调出的库存物品发出时，按照库存物品的账面余额，借记"无偿调拨净资产"科目，贷记本科目；同时，按照无偿调出过程中发生的归属于调出方的相关费用，借记"资产处置费用"科目，贷记"银行存款"等科目。

（4）经批准置换换出的库存物品，参照本科目有关置换换入库存物品的规定进行账务处理。

4. 单位应当定期对库存物品进行清查盘点，每年至少盘点一次。对于发生的库存物品盘盈、盘亏或者报废、毁损，应当先计入"待处理财产损溢"科目，按照规定报经批准后及时进行后续账务处理。

（1）盘盈的库存物品，其成本按照有关凭据注明的金额确定；没有相关凭据、但按照规定经过资产评估的，其成本按照评估价值确定；没有相关凭据、也未经过评估的，其成本按照重置成本确定。如无法采用上述方法确定盘盈的库存物品成本的，按照名义金额入账。盘盈的库存物品，按照确定的入账成本，借记本科目，贷记"待处理财产损溢"科目。

（2）盘亏或者毁损、报废的库存物品，按照待处理库存物品的账面余额，借记"待处理财产损溢"科目，贷记本科目。

属于增值税一般纳税人的单位，若因非正常原因导致的库存物品盘亏或毁损，还应当将与该库存物品相关的增值税进项税额转出，按照其增值税进项税额，借记"待处理财产损溢"科目，贷记"应交增值税——应交税金（进项税额转出）"科目。

5. 高值医用耗材的盘亏属于国有资产处置，须按照国有资产处置管理办法中的流程进行处置，审批完成后及时进行账务处理。具体来说，高值医用耗材的盘亏处理过程应该包括以下几个步骤：

（1）发现高值医用耗材盘亏后，相关管理人员应立即进行初步核查，确认盘亏的种类、数量及原因。在这个过程中，应确保数据的准确性和完整性，避免因为信息错误导致后续处理流程出现问题。

（2）确认盘亏情况后，根据不同额度按照制度要求，向医院审批机构或向上级主管部门报告，并按照国有资产处置管理办法的规定，提交盘亏处理申请。申请中应包括盘亏的详细情况、原因分析、处理建议等内容。

（3）上级主管部门会对申请进行审核，审批完成后，相关部门需要按照批准的处理方案进行高值医用耗材的盘亏处置。这可能包括报废、出售、调拨等方式，具体方式应根据盘亏的具体情况而定。

（4）在盘亏处置完成后，财务部门需要及时进行账务处理，确保账实相符。这包括在财务系统中进行盘亏的账务处理，更新库存信息，以及可能的资产减值等操作。

6. 在《国家卫生健康委办公厅关于印发国家三级公立医院绩效考核操作手册（2023版）的通知》（国卫办医政函〔2023〕49号）中，新增了"重点监控高值医用耗材收入占比"，是为落实《国务院办公厅关于印发治理高值医用耗材改革方案的通知》（国办发〔2019〕37号）而增设的指标。

该指标属于定量指标，旨在考核年度医院重点监控高值医用耗材收入占同期耗材总收入比例。

其计算方法为：

$$重点监控高值医用耗材收入占比 = \frac{重点监控高值医用耗材收入}{同期卫生材料收入} \times 100\%$$

指标意义：

《国务院办公厅关于印发治理高值医用耗材改革方案的通知》（国办发〔2019〕37号）要求完善高值医用耗材临床应用管理，并将其纳入公立医疗机构绩效考核评价体系，故增设该指标。

《关于印发医疗机构医用耗材管理办法（试行）的通知》（国卫医发〔2019〕43号）要求，加强高值医用耗材规范化管理，明确治理范围，将单价和资源消耗占比相对较高的高值医用耗材作为重点治理对象。完善高值医用耗材临床应用管理，并将其纳入公立医疗机构绩效考核评价体系，以全面深入治理高值医用耗材，规范医疗服务行为，控制医疗费用不合理增长，维护人民群众健康权益。

《国家卫生健康委办公厅关于印发第一批国家高值医用耗材重点治理清单的通知》（国卫办医函〔2020〕9号）要求，各省级卫生健康行政部门在第一批国家高值医用耗材重点治理清单基础上，根据各地实际，适当增加品种，形成省级清单，并指导辖区内医疗机构制定医疗机构清单。地方各级卫生健康行政部门和各级各类医疗机构要严格落实《医疗机构医用耗材管理办法（试行）》有关要求，加强医用耗材管理，并按照治理高值医用耗材改革工作要求，做好相关工作。

『审计问题示例7-3』

问题定性：往来款项清理不及时。

问题描述：查看医院的高值医用耗材往来款明细账，发现应付甲公司货款85 720.00元，挂账5年，通过访谈医工部门人员了解原因，为甲公司始终未开具发票，无法进行报销。

法规依据：《部门决算管理办法》（财库〔2021〕36号）第十二条，"（一）清理收支账目、往来款项，核对年度预算收支和各项缴拨款项，做到账实相符、账证相符、账表相符、表表相符。"

审计建议：建议医院及时对往来款进行对账工作，对异常项及时查找问题原因。

# 第八章 高值医用耗材使用、评价情况审计

## 第一节

## 高值医用耗材追溯管理情况审计

高值医用耗材主要是植入性、介入性等高价值、高风险的医疗器械,对高值医用耗材的管理,关系到患者的治疗效果与生命安全,随着患者需求的增加以及耗材使用量的递增,国家监管政策愈加严格,同时也对医疗机构提出了对高值医用耗材进行追溯管理的要求。如何更加有力、有效地开展对于高值医用耗材全生命周期的监管,医疗器械唯一标识的建立和使用,以及信息系统的不断完善和互联互通成为提升可追溯性及监管效能的重要抓手。

### 一、审计目标

目标1:确认高值医用耗材编码管理情况

目标2:确认高值医用耗材可追溯性

### 二、审计依据

1. 国务院办公厅关于印发治理高值医用耗材改革方案的通知(国办发〔2019〕37号)

2. 医疗机构医用耗材管理办法(试行)(国卫医发〔2019〕43号)

### 三、审计程序和要点

1. 审计人员应通过访谈、实地调研等方式充分了解医院高值医用耗材的医疗器械唯一标识使用及管理情况,包括:医疗机构使用的高值医用耗材是否已带有唯一标识;标识的编制方式,是按照规格型号编码,还是按照批次或单个产品编码；标识使用的信息化程度，在医疗机构的哪些管理系统中可识别应用等。

2. 调阅高值医用耗材管理制度，查看其中是否包含追溯管理工作的要求以及管理部门的设置；是否对高值医用耗材临床使用登记进行要求；是否对高值医用耗材各项使用资料的保管进行要求。

3. 调阅高值医用耗材各项管理资料，包括：出入库记录、病历记录、患者使用记录及收费记录等，抽取某些品目高值医用耗材，可利用医疗器械唯一标识通过穿行测试的方式，检查被抽取的高值医用耗材在耗材管理系统、病历管理系统以及 HIS 系统中是否进行了完整、准确、一致的记录，是否能够向前可溯源，向后可追踪。

**要点提示：**

1. 医院应当加强高值医用耗材规范化管理，明确治理范围，将单价和资源消耗占比相对较高的高值医用耗材作为重点治理对象。制定医疗器械唯一标识系统规则。逐步统一全国医保高值医用耗材分类与编码，探索实施高值医用耗材注册、采购、使用等环节规范编码的衔接应用（《国务院办公厅关于印发治理高值医用耗材改革方案的通知》国办发〔2019〕37 号）。

2. 医疗机构应当建立医用耗材临床应用登记制度，使医用耗材信息、患者信息以及诊疗相关信息相互关联，保证使用的医用耗材向前可溯源、向后可追踪（《医疗机构医用耗材管理办法（试行）》国卫医发〔2019〕43 号）。

3. 医疗机构应当妥善保存购入第三类医疗器械的原始资料，并确保信息具有可追溯性（《医疗器械临床使用管理办法》国家卫生健康委员会令第 8 号）。

国家对医疗器械按照风险程度实行分类管理，第三类是具有较高风险，需要采取特别措施严格控制管理以保证其安全、有效的医疗器械。

4. 临床使用大型医疗器械以及植入和介入类医疗器械的，应当将医疗器械的名称、关键性技术参数等信息以及与使用质量安全密切相关的必要信息记载到病历等相关记录中（《医疗器械临床使用管理办法》国家卫生健康委员会令第 8 号）。

☞小贴士：

1. 医保医用耗材编码目录是按照"统一分类、统一编码、统一维护、统一发布、统一管理"的总体要求进行更新维护，旨在强调"分类"与"追溯"属性，助力将医保编码标准统一为新时期医保信息交换的通用语言。

（1）医保医用耗材编码目录的"编码分类"。

其编码一共有20位，前15位编码更多是一种分类规则，包括不同商品、产品之间的材质、属性等（见图8-1）。

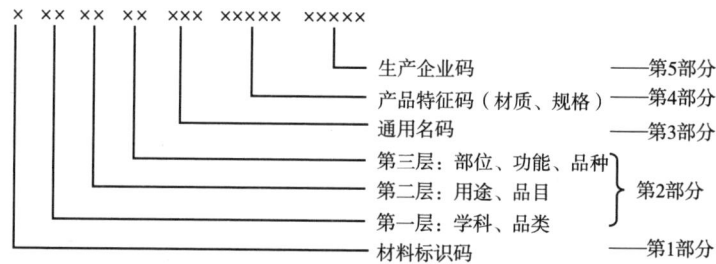

图8-1　医保医用耗材编码目录的"编码分类"

第1部分：耗材材料标识码，以"C"开头。

第2部分：分类码，总共分为3层用6位阿拉伯数字表示。

第3部分：通用名3位编码。

第4部分：产品特征码2位，根据耗材材质、规格等特征赋予的代码。

第5部分：生产企业码，根据医疗器械注册证或备案凭证为耗材生产企业赋予的唯一代码。

（2）医保医用耗材编码目录的"信息追溯"查询。

医保医用耗材编码目录涉及产品入市的各个环节，关联到交易、收费、报销整个链路。而在对医保医用耗材信息追溯时，主要是通过对医保医用耗材编码目录的医用耗材代码、医保通用名、耗材企业、一级分类、二级分类、三级分类、注册证号等信息进行查询。

2. 2012年，国务院印发《国家药品安全"十二五"规划》（国发〔2012〕5号），要求"启动高风险医疗器械国家统一编码工作"。2016年，国务院印发《"十三五"国家药品安全规划》（国发〔2017〕12号），要求

"构建医疗器械编码体系，制定医疗器械编码规则"。2019 年，国务院办公厅印发《深化医药卫生体制改革 2019 年重点工作任务》（国办发〔2019〕28 号），要求"制定医疗器械唯一标识系统规则"。2019 年，经中央全面深化改革委员会第八次会议审议通过，由国务院办公厅印发的《治理高值医用耗材改革方案》（国办发〔2019〕37 号）中，明确提出"制定医疗器械唯一标识系统规则"。2019 年 7 月，国家药监局会同国家卫生健康委联合印发《医疗器械唯一标识系统试点工作方案》（药监综械注〔2019〕56 号），拉开我国医疗器械唯一标识系统建设序幕。2019 年 8 月，国家药监局发布《医疗器械唯一标识系统规则》（国家药品监督管理局公告 2019 年第 66 号）。

3. 医疗器械唯一标识（Unique Device Identification，UDI）是指呈现在医疗器械产品或者包装上的由数字、字母或者符号组成的代码，用于对医疗器械进行唯一性识别。UDI 被认为是医疗器械产品的唯一"身份证"，由产品标识（UDI－DI）和生产标识（UDI－PI）组成，产品标识是识别注册人/备案人、医疗器械型号规格和包装的唯一代码，是从数据库获取医疗器械相关信息的"关键字"，是唯一标识的必须部分；生产标识包括与生产过程相关的信息，包括产品批号、序列号、生产日期和失效日期等，可与产品标识联合使用，满足医疗器械流通和使用环节精细化识别和记录的需求。

唯一标识具备唯一性、稳定性和可扩展性。唯一性是首要原则，是确保产品精确识别的基础，是唯一标识发挥功能的核心原则。由于医疗器械产品的复杂性，唯一性与产品识别要求相一致，对于相同特征的医疗器械，唯一性指向单个规格型号产品；对于按照批次生产控制的产品，唯一性指向同批次产品；而对于采用序列号生产控制的医疗器械，唯一性指向单个产品。

4. 高值医用耗材编码追溯流程（见图 8－2）。

5. 由于各医疗机构管理信息系统使用程度、关联程度不同，以及高值医用耗材医疗器械唯一标识在各系统中的应用程度不同，因此会出现即便具有唯一标识，但是仍存在一物多码的情况，在不同的管理系统中会赋予高值用耗材不同的编码，且各套编码之间没有关联，形成信息孤岛，导致

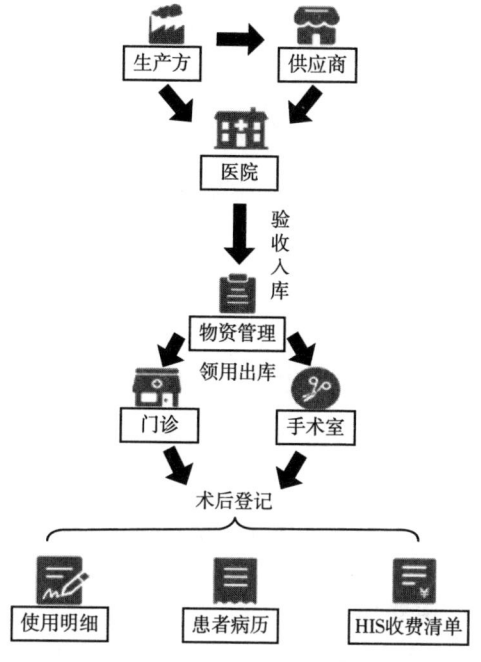

图 8－2 高值医用耗材编码追溯流程

难以向前或向后进行准确追溯。建议审计人员对本单位的信息系统及高值医用耗材医疗器械唯一标识的应用给予更多了解，进而在开展审计工作中能够根据单位具体管理情况确定更为有效的审计关注点。

## 第二节

## 监测、评价情况审计

对高值医用耗材使用的监测和评价能够规范耗材在临床的科学、规范、合理应用，促进医院提高医疗质量和耗材使用的安全性，维护患者权益；通过对耗材有效性、经济性的评价可优化医院资源配置、降低医疗成本，为提升医院的运营管理提供科学依据。

## 一、审计目标

目标1：确认高值医用耗材临床应用监测有效性

目标2：确认高值医用耗材评价合理性

## 二、审计依据

1. 医疗机构医用耗材管理办法（试行）（国卫医发〔2019〕43号）

2. 医疗器械监督管理条例（国务院令第739号）

3. 医疗器械不良事件监测和再评价管理办法（国家市场监督管理总局 国家卫生健康委员会令第1号）

4. 医疗器械临床使用管理办法（国家卫生健康委员会令第8号）

## 三、审计程序和要点

1. 审计人员通过访谈医院医务部门、医工部门等相关业务部门，了解医院对于高值医用耗材使用的监测、评价等工作的管理情况。包括监测方式、预警方式、不良事件上报情况、如何评价等。

2. 调阅高值医用耗材管理制度，查看其中是否包含对高值医用耗材临床使用情况开展质量安全事件报告、不良反应监测、重点监控、超常预警和评价等工作内容；是否明确了工作归口部门。

3. 调阅各项监测、报告、评价等记录资料，检查医院是否对高值医用耗材临床使用中的不良事件情况进行了监测；对于不良事件上报的及时性、完整性；是否开展了安全性、有效性及经济性的评价。

**要点提示：**

1. 关于高值医用耗材监测与评价的相关管理制度规定：

（1）医务管理部门负责本单位医用耗材监测与评价工作。

（2）医疗机构应当建立医用耗材临床应用质量安全事件报告、不良反应监测、重点监控、超常预警和评价制度，对医用耗材临床使用安全性、有效性和经济性进行监测、监控、分析、评价，对医用耗材应用行为进行点评与干预。

（3）医疗机构发生医用耗材相关质量安全事件，应当按照规定向卫生健康、药品监管行政部门报告相关信息，并采取措施做好暂停使用、配合召回、后续调查以及对患者的医疗救治等工作。

（4）医疗机构通过监测发现医用耗材不良事件或者可疑不良事件，应当按照有关规定报告。

（5）县级以上卫生健康行政部门、中医药主管部门以及医疗机构应当对临床应用技术要求较高、风险较大、价格较昂贵的医用耗材进行重点监控。

（6）医疗机构应当建立医用耗材超常使用预警机制，对超出常规使用的医用耗材，要及时进行预警，通知相关部门和人员。

（7）医疗机构应当对医用耗材的临床使用进行评价。根据相关法律法规、技术规范等，建立评价体系，对医用耗材临床使用的安全性、有效性、经济性等进行综合评价，发现存在的或潜在的问题，制定并实施干预和改进措施，促进医用耗材合理使用。

（8）医疗机构应当加强医用耗材临床使用评价结果的应用。评价结果应当作为医疗机构动态调整供应目录的依据，对存在不合理使用的品种可以采取停用、重新招标等干预措施；同时将评价结果作为科室和医务人员相应临床技术操作资格或权限调整、绩效考核、评优评先等的重要依据，纳入对公立医疗卫生机构的绩效考核。

（9）医疗机构应当定期将质量安全事件报告、不良反应监测、重点监控、超常预警和评价结果进行内部公示，指导使用科室和部门采取措施，持续改进医用耗材临床使用水平（《医疗机构医用耗材管理办法（试行）》国卫医发〔2019〕43号）。

2. 关于医疗器械监测相关管理制度规定：

（1）国家建立医疗器械不良事件监测制度，对医疗器械不良事件及时进行收集、分析、评价、控制。

（2）医疗器械注册人、备案人应当建立医疗器械不良事件监测体系，配备与其产品相适应的不良事件监测机构和人员，对其产品主动开展不良事件监测，并按照国务院药品监督管理部门的规定，向医疗器械不良事件监测技术机构报告调查、分析、评价、产品风险控制等情况。医疗器械生产经营企业、使用单位应当协助医疗器械注册人、备案人对所生产经营或者使用的医疗器械开展不良事件监测；发现医疗器械不良事件或者可疑不良事件，应当按照国务院药品监督管理部门的规定，向医疗器械不良事件监测技术机构报告。其他单位和个人发现医疗器械不良事件或者可疑不良事件，有权向负责药品监督管理的部门或者医疗器械不良事件监测技术机构报告（《医疗器械监督管理条例》国务院令第739号）。

3. 持有人、经营企业、使用单位应当建立并保存医疗器械不良事件监测记录。记录应当保存至医疗器械有效期后2年；无有效期的，保存期限不得少于5年。植入性医疗器械的监测记录应当永久保存，医疗机构应当按照病例相关规定保存（《医疗器械不良事件监测和再评价管理办法》国家市场监督管理总局 国家卫生健康委员会令第1号）。

☞小贴士：

1. 医疗器械不良事件，是指已上市的医疗器械，在正常使用情况下发生的，导致或者可能导致人体伤害的各种有害事件。

2. 医疗器械不良事件监测，是指对医疗器械不良事件的收集、报告、调查、分析、评价和控制的过程。

# 第九章 文书示例及综合案例

## 第一节 文书格式

内部审计作为医院管理的重要组成部分，承担着监督、评价和咨询的重任。而内部审计文书，则是这一过程中不可或缺的工具和载体。内部审计文书是指内部审计机构在依法依规的基础上，根据国家的法律法规、政策以及相关的规章制度，对单位的经济活动进行审计监督时，所制作的一系列公务文书。这些文书是内部审计过程中各个不同步骤的专业操作记录，也是保障审计质量与效果的基石。

内部审计文书在审计过程中发挥着至关重要的作用。它们详细记录了审计的目标、范围、方法、步骤以及审计发现的问题和改进建议等关键信息。这些信息不仅有助于审计人员系统地整理和分析审计结果，还可以为医院管理层提供清晰、全面的审计反馈，帮助他们更好地了解医院目前的经济管理状况和风险点。下面介绍一些高值医用耗材审计所用到的文书的模板，供参考。

▲示例9-1：高值医用耗材审计工作方案模板

### 高值医用耗材专项审计工作方案

为揭示和反映高值医用耗材管理薄弱环节，促进高值医用耗材规范化管理，根据《审计署关于内部审计工作的规定》《卫生计生系统内部审计工作规定》《进一步加强卫生健康行业内部审计工作的若干意见》及××（领导的决定、批示或者意见，年度审计计划等），制订本工作方案。

一、审计范围

××年×月×日至××年×月×日高值医用耗材管理情况。

### 二、审计工作组

医院成立以主管院领导为组长，内审部门组织实施耗材专项审计的工作小组，研究确定审计方式、工作内容和审计报告形式等总体要求，明确人员职责分工、合理安排审计任务、按时开展审计工作。

### 三、审计内容

（一）内部控制测试。主要包括四方面内容：一是高值医用耗材的范围；二是内部管理机构、职能设置和人员管理情况；三是高值医用耗材管理相关制度的制订、执行和效果情况；四是信息化建设情况。

（二）采购管理情况。主要包括五方面内容：一是新耗材准入及审批情况；二是高值医用耗材供应商评估情况；三是供应目录管理情况；四是临时采购情况；五是日常采购情况。

（三）库存管理情况。主要包括四方面内容：一是高值医用耗材入库管理情况；二是高值医用耗材出库管理情况；三是实物库存管理情况；四是高值医用耗材盘点情况。

（四）收费管理情况。主要包括三方面内容：一是医用耗材价格政策落实情况；二是高值医用耗材收费项目合规情况；三是高值医用耗材收费行为合规情况。

（五）退费管理情况。主要包括两方面内容：一是退费制度建设及授权管理情况；二是退费流程管理情况。

（六）财务管理情况。主要包括三方面内容：一是预算管理情况；二是货款结算情况；三是会计核算情况。

（七）使用、评价情况。主要包括两方面内容：一是高值医用耗材追溯管理情况；二是监测、评价情况。

### 四、审计主要依据

（一）《卫生部 国务院纠风办 国家发展改革委 监察部 工商总局 食品药品监管局关于印发〈高值医用耗材集中采购工作规范（试行）〉的通知》（卫规财发〔2012〕86号）；

（二）《国务院办公厅关于印发治理高值医用耗材改革方案的通知》（国办发〔2019〕37号）；

（三）《国家卫生健康委 国家中医药局关于印发医疗机构医用耗材管

理办法（试行）》（国卫医发〔2019〕43号）；

（四）《国家卫生健康委办公厅关于印发第一批国家高值医用耗材重点治理清单的通知》（国卫办医函〔2020〕9号）；

（五）《国家医保局 国家发展改革委 工业和信息化部 财政部 国家卫生健康委 市场监管总局 国家药监局 中央军委后勤保障部关于开展国家组织高值医用耗材集中带量采购和使用的指导意见》（医保发〔2021〕31号）。

**五、审计程序**

（一）前期准备阶段（××年×月×日—×月×日）

1. 收集资料

向被审计单位收集其××年度执行的医院高值医用新耗材准入、采购及管理等相关的政策文件、规章制度等文件资料，了解医院政策落实、管理环境建设及运行情况。建议收集以下资料：

（1）正在执行的医院高值医用新耗材准入、集中采购及管理等政策规定；

（2）医院医用耗材管理机构设置、会议纪要、内部管理制度等文件；

（3）医院高值医用耗材供应目录，供应商及配送商目录，供应商评估文件等；

（4）采购凭证，包括采购发票、采购合同、验收记录单、送货清单等；

（5）高值医用耗材入库、出库明细表等相关数据及资料（含二级库资料）；

（6）高值医用耗材盘点记录表；

（7）高值医用耗材收费明细表；

（8）抽查患者病历、病案首页、一日清单；

（9）高值医用耗材的相关会计凭证和会计账簿等；

（10）高值医用耗材监测、评价记录、报告等，如：不良事件上报资料。

通过查阅收集到的资料，了解医院新耗材准入、高值医用耗材采购、管理、使用等全链条不同节点的风险。

2. 调查访谈

访谈耗材管理人员，了解高值医用耗材管理相关议事协调机构的运行机制、部门或人员构成及高值医用耗材管理机构职能等情况；访谈物价管理人员，了解高值医用耗材物价管理及收费项目、收费价格等情况。通过调查访谈，全面深入了解医院耗材信息系统运行及联动情况。

（二）审计实施阶段（××年×月×日—×月×日）

1. 查阅内部管理机构设置文件以及高值医用耗材内部制度等文件，根据制度内容进行控制测试，检查制度健全性、执行有效性。

2. 查阅高值医用耗材管理相关会议纪要以及新耗材准入、供应商评估的相关记录文件、采购申请表、采购审批单、高值医用耗材供应目录、采购合同等资料，审查采购管理的合规性。

3. 核对入库单、采购发票及送货清单，审查高值医用耗材入库数据的一致性；抽查入库单、出库单、验收单，检查出入库及验收手续是否完备；检查医院一级库、二级库管理情况，检查盘点记录，进行实物盘点。

4. 检查高值医用耗材政策落实情况，分析是否存在耗材加成现象；检查医院收费项目的合规性；审查高值医用耗材收费价格的准确性及高值医用耗材费用减免事项管理的规范性。

5. 查看高值医用耗材退费授权审核手续的完整性及退费流程的合规性。

6. 查看高值医用耗材预算批复文件、采购合同和相关财务账目，查看高值医用耗材预算支出的合理性、货款结算的及时性以及往来款项账务处理的合规性。

7. 检查高值医用耗材的可追溯性以及监测、使用、评价情况。

（三）审计报告阶段（××年×月×日—×月×日）

汇总分析审计证据，梳理审计发现问题，整理审计工作底稿，与被审计单位进行沟通确认，出具审计报告。

六、审计方法

访谈、查询、复核法、重点审计法、审计分析法、抽查法、详查法、穿行测试。

## ▲示例 9-2：审计通知书及资料清单模板

## 审计通知书

××（审计涉及部门全称）：

根据《审计署关于内部审计工作的规定》及××（领导的决定、批示或者意见，年度审计计划等），××（内部审计机构名称）决定派出审计组，自××年×月×日起，对××年度高值医用耗材（项目）进行专项审计，请予以积极配合。接此通知后，请准备好附件所列有关资料，并对提供资料的真实性、完整性、合法性进行承诺。

审计组长：

审计组成员：

联系方式：

附件：高值医用耗材专项审计资料清单（略）

××（内部审计机构全称印章）

××年×月×日

## ▲示例 9-3：审计工作底稿模板（见表 9-1）

表 9-1　　　　　　　　　　　审计工作底稿

索引号：　　　　　　　　　　　　　　　　　　　　　　　　第　页（共　页）

审计期间及审计截止日：

| 项目名称 | |
|---|---|
| 审计事项 | （按照审计实施方案确定的事项名称填写，既对应审计实施方案，又对应审计实施的具体事项） |
| 审计人员 | 　　　　　　　编制日期　　　　　　 |

审计过程：
（说明实施审计的步骤和方法、所取得的审计证据的名称、数量和来源。多个底稿间共用审计证据，且审计证据附在其他底稿后的，应当在上述内容表述完毕后，注明"其中，××审计证据附在××号底稿后"）

审计认定的事实摘要及审计结论：
（审计结论包括未发现问题的结论和已发现问题的结论。对已发现问题的结论，应说明得出结论所依据的法律、法规、规定和标准）

被审计单位意见：
（被审计单位的反馈意见）

审核意见：
（审核意见种类包括：1. 予以认可；2. 责成采取进一步审计措施，获取适当、充分的审计证据；3. 纠正或者责成纠正不恰当的审计结论）

| 复核人员 | | 复核日期 | |
|---|---|---|---|

## ▲示例9-4：高值医用耗材专项审计报告模板

××医院××年度高值医用耗材
专项审计报告

根据《审计署关于内部审计工作的规定》、国家卫健委的相关制度及（××领导的决定、批示或者意见，年度审计计划等），××年×月×日至×月×日××内部审计机构对医院××年度高值医用耗材管理情况进行了专项审计。审计过程中通过走访医院相关部门及科室、查看高值医用耗材管理制度、盘点实物、抽查患者病历核对收费记录等方式，审查了高值医用耗材的各管理环节及风险点的管控，现将审计情况汇报如下。

**一、审计情况**

医院××年度高值医用耗材管理基本情况。

（一）高值医用耗材内部控制测试

1. 高值医用耗材的范围。

2. 内部管理机构、职能设置和人员设置情况。

3. 高值医用耗材管理相关制度的制定、执行和效果情况。

4. 信息化建设情况。

（二）采购管理情况

1. 院内新耗材准入流程及审批情况。

2. 供应商评估情况。

3. 供应目录情况。

4. 采购执行情况。××年度采购高值医用耗材品种×个，涉及金额×万元。集中采购品种×个，涉及金额×万元。

（三）库存管理情况

1. 验收、入库及领用情况（一级库、二级库）。

2. 库存管理情况。

3. 定期盘点情况。

（四）收费及价格管理情况

1. 医用耗材价格政策落实情况。

2. 收费项目合规情况。

3. 收费行为合规情况。

（五）高值医用耗材退费管理情况

1. 退费制度建设及授权管理情况。

2. 退费流程管理情况。

（六）高值医用耗材财务管理情况

1. 预算管理情况。

2. 货款结算情况。

3. 会计核算情况。

（七）高值医用耗材使用、评价情况

1. 审查高值医用耗材追溯管理情况。

2. 监测、评价情况。

二、审计发现的主要问题

本次审计共发现×类×个问题。

（一）机构、职能设置不健全

1. 20××年×月，……简要事实表述。

上述事项不符合《……》（相关法规依据，写明文号）第×条"……"的规定。

建议……

2. 20××年×月，……简要事实表述。

上述事项不符合《……》（相关法规依据，写明文号）第×条"……"的规定。

建议……

（二）高值医用耗材管理制度不完备、不健全

1. 20××年×月，……简要事实表述。

上述事项不符合《……》（相关法规依据，写明文号）第×条"……"的规定。

建议……

2. 20××年×月，……简要事实表述。

上述事项不符合《……》（相关法规依据，写明文号）第×条"……"的规定。

建议……

……

### 三、关注事项

1. ……事项存在……风险。

### 四、审计意见

发表审计意见。

附表：审计发现问题清单

## 附表：审计发现问题清单（见表9-2）

表9-2　　　　　　　　审计发现问题清单

被审计单位：　　　　　　　　　　　　　　　　　　　　　　　单位：万元

| 序号 | 与报告对应关系 | 问题定性 | 事实表述 | 涉及金额 | 法规依据 | 审计建议 | 备注 |
| --- | --- | --- | --- | --- | --- | --- | --- |
|  |  |  |  |  |  |  |  |
|  |  |  |  |  |  |  |  |
|  |  |  |  |  |  |  |  |

说明："定性"对应报告正文中的问题分类以及关注事项；问题和关注事项提及金额的，"金额"栏不得为空。

## ▲示例 9-5：审计发现问题整改清单（见表 9-3）

**表 9-3**

**审计发现问题整改清单**

（参考格式）

单位名称：（盖章） 联系人： 联系电话： 单位：万元

| 序号 | 问题清单 | | | 任务清单 | | | | | 整改清单 | | | | |
|---|---|---|---|---|---|---|---|---|---|---|---|---|---|
| | 问题定性与审计报告对应关系 | 事实表述 | 涉及金额 | 法规依据 | 责任部门 | 责任人 | 整改类型 | 整改目标 | 预计完成整改时间 | 拟采取整改措施 | 已采取整改措施 | 追责问责情形 | 追责问责人数 | 完善制度 | 其他 | 是否完成整改 | 未完成整改原因及下一步计划 |
| | | | | | | | | | | | | | | | | |
| | | | | | | | | | | | | | | | | |
| | | | | | | | | | | | | | | | | |

填表说明：

1. 表格内容应填尽填，如不涉及某项，填写"无"。
2. 问题清单中，"涉及金额"列以万元为单位，保留 2 位小数。
3. 任务清单中，"整改类型"列应当选择其中之一填写：立行立改、分阶段整改、持续整改。
4. 任务清单、整改清单中，"整改措施"列应当选择其中的一项或多项填列：调整会计账目、挽回损失、归还原资金渠道、补缴税费、新制定制度、修订完善制度、优化完善业务流程、其他。
5. 整改清单中，"完善制度"列应当包括发文时间（××年×月）、文号、标题等内容。

## ▲示例 9-6：审计工作档案目录（见表 9-4）

表 9-4　　　　　　　　　审计工作档案目录

| 索引号 | 内容 | 页码 |
|---|---|---|
| 1 | 立项类 | |
| 1.1 | 审计委托书 | |
| 1.2 | 审计通知书 | |
| 1.3 | 审前调查记录 | |
| 1.4 | 审计方案 | |
| | …… | |
| 2 | 证明类 | |
| 2.1 | 审计承诺书 | |
| 2.2 | 审计工作底稿及相应的审计取证单 | |
| 2.3 | 审计证据 | |
| | …… | |
| 3 | 结论类 | |
| 3.1 | 审计报告 | |
| 3.2 | 审计报告征求意见单 | |
| 3.3 | 相关部门的反馈意见 | |
| | …… | |
| 4 | 备查类 | |
| 4.1 | 审计项目回访单 | |
| 4.2 | 相关部门整改反馈意见 | |
| 4.3 | 与审计项目联系紧密且不属于前 3 类的其他材料 | |
| …… | …… | |

## 第二节
## 问题示例表

审计发现问题示例如表 9-5 所示。

表 9-5　审计发现问题示例

| 序号 | 问题类别 | 问题定性 | 表现形式 | 法规依据 | 审计建议 |
|---|---|---|---|---|---|
| 1 | 内部控制方面 | 机构、职能设置不健全 | 未成立医用耗材管理委员会；医用耗材管理委员会成员构成不完整，缺少相关部门负责人 | 《医疗机构医用耗材管理办法（试行）》（国卫医发〔2019〕43号）第七条"二级以上医院应当设立医用耗材管理委员会……医用耗材管理委员会由具有高级技术职务任职资格的相关临床科室、药学、医学工程、护理、医技科室人员以及医院感染管理、医用耗材管理、医务管理、财务管理、医保管理、信息管理、纪检监察、审计等部门负责人组成" | 建议医院加强高值医用耗材管理，完善医用耗材管理机构设置，配齐委员会相关人员 |
| 2 | 内部控制方面 | 部门职责及不相容岗位未有效分离和实施 | 负责高值医用耗材的遴选、采购、验收、存储、发放等日常管理的部门同时负责高值医用耗材的临床使用、监测、评价等专业技术服务工作 | 《医疗机构医用耗材管理办法（试行）》（国卫医发〔2019〕43号）第五条"医疗机构应当指定具体部门作为医用耗材管理部门，负责医用耗材的遴选、采购、验收、存储、发放等日常管理工作；指定医务管理部门，负责医用耗材的临床使用、监测、评价等专业技术服务日常管理工作" | 建议医院厘清医用耗材管理部门和医务部门各自管理耗材的职责范围 |

续表

| 序号 | 问题类别 | 问题定性 | 表现形式 | 法规依据 | 审计建议 |
|---|---|---|---|---|---|
| 3 | 内部控制方面 | 部门职责及不相容岗位未有效分离和实施 | 高值医用耗材的遴选、采购、验收、存储、发放等日常管理岗位未有效分离 | 《公立医院内部控制管理办法》（国卫财务发〔2020〕31号）第二十三条，"医院应当按照分事行权、分岗设权、分级授权的原则，在职责分工、业务流程、关键岗位等方面规范授权和审批程序，确保职责不相容岗位相互分离、相互制约、相互监督，规范内部权力运行，建立责任追究制度" | 建议医院加强高值医用耗材岗位的人员合理配置，确保得到有效分离，完善内部控制管理 |
| 4 | 内部控制方面 | 高值医用耗材管理制度不完备不健全 | 医院未建立高值医用耗材验收、存储、盘点、出库、临床应用登记和预警评价等制度 | 《医疗机构医用耗材管理办法（试行）》（国卫医发〔2019〕43号）第十一条，"医疗机构应当建立健全医用耗材管理相应的工作制度、操作规程和工作记录，并组织实施。"第二十四条，"医疗机构应当建立医用耗材验收入员验收合格后方可入库。"第二十六条，"医疗机构应当设置相对独立的医用耗材储存库房，配备相应的设备设施，制订相应管理制度。"第二十八条，"医疗机构应当建立医用耗材定期盘点制度。"第二十九条，"医疗机构应当建立医用耗材出库管理制度。"第三十条，"医疗机构应当建立医用耗材临床应用登记制度。"第四十四条，"医疗机构应当建立医用耗材临床应用安全事件报告、不良反应监测、重点监控、超常预警和评价制度" | 建议医院建立健全高值医用耗材管理相关的工作制度 |
| 5 | 内部控制方面 | 医院信息系统之间未实现互联互通 | 高值医用耗材出库与收费存在同品牌不同品规对应同一价格的情况，高值医用耗材出库规与收费品规不一致 | 《医疗机构医用耗材管理办法（试行）》（国卫医发〔2019〕43号）第五十三条，"医疗机构其他相关信息系统整合，做到信息互联互通。"《医疗机构内部价格行为管理规定》（国卫财务发〔2019〕64号）第二十一条，"医疗机构应当建立健全价格管理信息化制度，明确相关部门和岗位的职责与权限，完整统一、规范软件系统操作与维护数据的准确性、完整性、安全性" | 建议医院完善信息系统，推进高值医用耗材收费系统间的互联互通管理 |

续表

| 序号 | 问题类别 | 问题定性 | 表现形式 | 法规依据 | 审计建议 |
|---|---|---|---|---|---|
| 6 | 内部控制管理方面 | 信息化建设管理不规范 | 物资管理系统设置信息条目不完整，录入信息不完整 | 《医疗机构医用耗材管理办法（试行）》（国卫医发〔2019〕43号）第五十五条，"医疗耗材管理部门应当在医用耗材验收入库时，将有关医用耗材的级别、风险类别、注册证号、销售厂家、价格、生产批号、生产日期、消毒灭菌日期等" | 建议医院完善高值医用耗材管理的信息化建设，完善数据条目信息 |
| 7 | 采购管理方面 | 供应目录管理不健全 | 医用耗材供应目录未及时更新，存在医疗器械注册证已失效的高值医用耗材；医用耗材管理委员会未规定供应目录的调整周期 | 《医疗机构医用耗材管理办法（试行）》（国卫医发〔2019〕43号）第十二条，"医疗机构应当建立本机构的医用耗材供应目录，并进行动态管理……供应目录调整，调整周期由医用耗材管理委员会规定" | 建议医院及时更新供应目录，并进行动态管理，耗材管理委员会明确供应目录调整周期 |
| 8 | 采购管理方面 | 高值医用耗材遴选资料不全，遴选结果未经审批 | 遴选材料无规格型号、功能、参数等准入论证资料不充分；遴选出的供应目录未经耗材管理委员会审批 | 《医疗机构医用耗材管理办法（试行）》（国卫医发〔2019〕43号）第十二条，"医疗耗材管理部门按照合法、安全、有效、适宜、经济的原则，遴选出本机构的医用耗材及其生产、经营企业名单，报医用耗材管理委员会批准，形成供应目录" | 建议医院完善高值医用耗材遴选条目依据充分、切实符合临床使用需求，完善遴选结果审批程序 |
| 9 | 采购管理方面 | 采购政策执行不到位 | 高值医用耗材内部议价采购要求中小企业提供《中小企业声明函》 | 《财政部工业和信息化部关于印发〈政府采购促进中小企业发展管理办法〉的通知》（财库〔2020〕46号）第十三条，"中标、成交供应商享受本办法规定的中小企业扶持政策的，采购人、采购代理机构应当随中标、成交结果公开中标、成交供应商的《中小企业声明函》"| 建议医院切实履行国家关于中小企业的相关扶持政策，加强对采购事项的监管 |

续表

| 序号 | 问题类别 | 问题定性 | 表现形式 | 法规依据 | 审计建议 |
|---|---|---|---|---|---|
| 10 | 采购管理方面 | 采购方式不符合规定 | 医院未在采购平台上公开交易、阳光采购或集中采购；总价达到政府采购要求签订的高值医用耗材采购事项，采用议价方式确定供应商及确定价格 | 《国务院办公厅关于印发治理高值医用耗材改革方案的通知》（国办发〔2019〕37号）第二条，"（三）完善采购。按照带量采购、量价挂钩、促进市场竞争等原则探索高值医用耗材分类集中采购平台上公开交易、阳光采购。所有公立医疗机构采购的高值医用耗材须在采购平台上公开交易。对于临床用量较大、采购金额较高、多家企业生产的高值医用耗材，按类别探索集中采购，鼓励医疗机构联合开展采购或跨省联盟采购。积极探索跨省联盟采购，对已通过医保支付标准、价格相对稳定的高值医用耗材，实行直接挂网采购。"《医疗机构医用耗材管理办法（试行）》（国卫医发〔2019〕43号）第十七条，"医用耗材管理部门应当根据医用耗材使用科室或国务院有关规定提出的采购申请，按照相关法律、行政法规和国务院有关规定，采用适当的采购方式，确定需要采购的产品、供应商及采购数量、采购价格等，并签订书面采购协议" | 建议医院按照属地管理要求选择合规的采购方式 |
| 11 | 采购管理方面 | 未按规定签订合同 | 医院的日常采购、临时采购事项未与供应商签订采购合同 | 《医疗机构医用耗材管理办法（试行）》（国卫医发〔2019〕43号）第十七条，"医用耗材管理部门应当根据医用耗材使用科室和国务院有关规定提出的采购申请，按照相关法律、行政法规和国务院有关规定，采用适当的采购方式，确定需要采购的产品、供应商及采购数量、采购价格等，并签订书面采购协议" | 建议医院完善采购流程，签订采购合同，保障医院合法权益 |

续表

| 序号 | 问题类别 | 问题定性 | 表现形式 | 法规依据 | 审计建议 |
|---|---|---|---|---|---|
| 12 | 采购管理方面 | 合同要素不全 | 采购合同中对于价格、质量标准、有效期、配送情况、验收、结算及付款方式等内容存在缺失情况 | 《民法典》第四百七十条，"合同的内容由当事人约定，一般包括下列条款：（一）当事人的姓名或者名称和住所；（二）标的；（三）数量；（四）质量；（五）价款或者报酬；（六）履行期限、地点和方式；（七）违约责任；（八）解决争议的方法。当事人可以参照各类合同的示范文本订立合同" | 建议医院签订合同时，保障合同要素完整，增强合同风险意识，避免医院利益受损和法律纠纷 |
| 13 | 采购管理方面 | 高值医用耗材范围界定不合规、不清晰 | 属于重点治理清单中的高值医用耗材作普通耗材管理 | 《国家卫生健康委办公厅关于印发第一批国家高值医用耗材重点治理清单的通知》（国卫办医函〔2020〕9号），"请各省级卫生健康行政部门在《清单》基础上，根据各地实际，适当增加品种，形成省级清单。地方各级卫生健康行政部门和医疗机构制订医疗机构清单。各级各类医疗机构要严格落实《医疗机构耗材管理办法（试行）》有关要求，加强医用耗材管理，并按照治理高值医用耗材改革工作要求，做好相关工作" | 建议医院按照国家法律法规的要求，梳理高值医用耗材管理范围，加强对高值医用耗材的重点管理 |
| 14 | 库存管理方面 | 未按规定进行验收 | 将无质量合格证明和已过期的高值医用耗材验收入库 | 《医疗机构医用耗材管理办法（试行）》（国卫医发〔2019〕43号）第十八条，"验收人员应当对医用耗材是否符合遴选规定、质量情况、效期情况等进行查验，不符合遴选规定以及无质量合格证明、过期、失效或者淘汰的医用耗材不得验收入库" | 建议医院加强耗材验收人员的培训，通过信息化的手段减少人为因素导致的验收入库问题 |

# 第九章　文书示例及综合案例

续表

| 序号 | 问题类别 | 问题定性 | 表现形式 | 法规依据 | 审计建议 |
|---|---|---|---|---|---|
| 15 | 库存管理方面 | 出入库流程不规范，手续不完整 | 科室先使用高值医用耗材，后办理出库手续；出入库单据缺少经办人员签字确认 | 《医疗机构医用耗材管理办法（试行）》（国卫医发〔2019〕43号）第三十条，"医用耗材出库管理制度。医用耗材出库时，发放人员应当对出库医用耗材进行核对，确保发放准确、产品合格、安全和有效。"《会计基础工作规范》第四十八条要求是：（一）原始凭证的内容必须具备：名称；填制凭证的日期；填制凭证单位名称或者填制人姓名；经办人员的签名或者盖章" | 建议医院按照出入库管理要求，规范出入库流程，完善手续 |
| 16 | 库存管理方面 | 高值医用耗材账实不符 | 审计抽盘时高值医用耗材账实不符；盘亏未及时处理 | 《医疗机构医用耗材管理办法（试行）》（国卫医发〔2019〕43号）第二十八条，"医疗机构医用耗材管理部门应当建立医用耗材定期盘点制度。由医用耗材管理部门指定专人，定期对库存医用耗材进行盘点，做到账物相符、账账相符。"《行政事业性国有资产管理条例》（国务院令第738号）第三十四条"各部门及其所属单位应当定期或者不定期对资产进行盘点、对账。出现资产盘盈盘亏的，应当按照财务、会计和资产管理制度有关规定处理，做到账实相符和账账相符" | 建议医院对盘亏、盘盈的高值医用耗材找出原因，并及时进行处理 |
| 17 | 库存管理方面 | 高值医用耗材盘点未有效执行 | 出入库记录不完整，无法进行盘点；未进行定期盘点；盘点记录不规范 | 国家卫生计生委印发的《预算管理单位使用管理国有资产定期盘点清查管理办法》（国卫财务〔2015〕85号）第十六条，"各单位应当对实物资产定期分期盘点清查，每年度至少一次，可采取一次性或对部分财物进行清查的方法。资产盘点清查工作，由资产管理部门牵头负责组织，财务部门、使用部门和内部审计等相关部门共同参与。对盘点清查中发现的问题，应当作出记录，查明原因，提出处理意见，及时办理审批手续，调整相关账表、账卡，保证账账相符、账实相符" | 建议医院完善盘点制度及盘点记录，明确盘点时间 |

续表

| 序号 | 问题类别 | 问题定性 | 表现形式 | 法规依据 | 审计建议 |
|---|---|---|---|---|---|
| 18 | 库存管理方面 | 高值医用耗材报损审批不规范 | 盘亏和失效的高值医用耗材金额达到制度要求，未履行上报审批手续，自行进行处理 | 国家卫生健康委《关于印发预算单位国有国有资产处置管理办法的通知》（国卫财务函〔2022〕141号）第十四条，"处置单价或价值1 500万元人民币以下，提前报废、损失核销、转让、无偿划转，对外捐赠，置换等国有资产处置事项，按照以下规定分类办理：（一）中国医学科学院。负责审核审批单价或者批量价值200万元人民币以下的国有资产（不含医院）单价或者批量价值200万元人民币以下的国有资产处置事项；负责审核汇总本级及下属单位本级及下属单位的国有资产处置事项并报国家卫生健康委审批。1 500万元人民币以上的国有资产处置事项报国家卫生健康委审批。负责确定下属医院（不含医院）自行审批或处置的权限。（二）预算管理医院。负责审核审批单价或者批量价值200万元人民币以下的国有资产处置事项。负责审核单价或者批量价值200万元（含）以上，1 500万元人民币以下的处置事项并报国家卫生健康委审批；中国医学科学院所属预算管理医院的处置事项由中国医学科学院初审同意后报国家卫生健康委审批。（三）其他预算单位。负责审核单价或者批量价值50万元人民币以下的国有资产处置事项；负责审核单价或者批量价值50万元（含）以上，1 500万元人民币以下的处置事项并报国家卫生健康委审批" | 建议医院严格执行国家资产管理政策，加强医院资产内部控制管理 |
| 19 | 收费管理方面 | 收费价格与采购价格不一致 | 高值医用耗材的收费价格高于购进价格，未取消耗材加成 | 《国务院办公厅关于印发治理高值医用耗材改革方案的通知》（国办发〔2019〕37号），"二、完善价格形成机制，降低高值医用耗材虚高价格。（四）取消医用耗材加成。2019年底前实现全部公立医疗机构医用耗材"零差率"销售，高值医用耗材按采购价格执行" | 建议医院重新梳理本院耗材"零差率"政策落实情况，对于未取消加成的查明原因并及时修正 |

续表

| 序号 | 问题类别 | 问题定性 | 表现形式 | 法规依据 | 审计建议 |
|---|---|---|---|---|---|
| 20 | 收费管理方面 | 多收费、少收费、重复收费 | 核对高值医用耗材收费记录、使用记录、出入库记录，患者病历，患者的相关品牌、型号、数量不一致，存在多收、少收、重复收费等情况 | 《价格违法行为行政处罚规定》（国务院令第585号）第九条，"(六)采取分解收费项目、重复收费、扩大收费范围等方式变相提高收费标准的；(十)不按照规定提供服务而收取费用的。"《医疗保障基金使用监督管理条例》（国务院令第735号）第十五条，"定点医药机构及其工作人员应当执行实名就医和购药管理规定，按照诊疗规范提供合理、必要的医药服务，向参保人员如实出具费用单据和相关资料，不得分解住院、挂床住院；不得违反诊疗规范过度诊疗、过度检查、分解处方、超量开药、重复开药、重复收费、超标准收费、分解项目收费，不得串换药品、医用耗材、诊疗项目和服务设施，不得诱导、协助他人冒名或者虚假就医、购药" | 建议医院加强收费事项的准确性及日常监管，查明差异原因并及时处理 |
| 21 | 退费管理方面 | 退费流程不规范 | 退费原因不成立，未经授权审核，退费手续不完善 | 《医院门、急诊退费管理办法》 | 建议医院加强退费事项的审批，严格落实医院的退费管理制度，强化退费风险的管理 |
| 22 | 财务管理方面 | 财务结算不及时 | 对于中小企业耗材结算支付事项，未履行中小企业扶持政策，付款时间不及时 | 《保障中小企业款项支付条例》（国务院令第728号）第八条，"机关、事业单位从中小企业采购货物、工程、服务，应当自货物、工程、服务交付之日起30日内支付款项；合同另有约定的，付款期限最长不得超过60日" | 建议医院加强协调联动，重大政策要求进行信息共享，在多环节工作中切实落实中小企业扶持政策 |

续表

| 序号 | 问题类别 | 问题定性 | 表现形式 | 法规依据 | 审计建议 |
|---|---|---|---|---|---|
| 23 | 财务管理方面 | 往来款项未及时清理 | 未定期进行往来款项对账工作，对于未达账项、未能查找原因并及时进行相应的账务处理 | 《部门决算管理办法》（财库〔2021〕36号）第十二条，"（一）清理收支账目，核对年度预算收支和各项缴拨款项，做到账表相符、账证相符、账表相符" | 建议医院及时对往来款项进行对账工作，对异常事项及时查找问题原因 |
| 24 | 使用、评价方面 | 高值医用耗材溯管理不到位 | 患者病历中粘贴的高值医用耗材标签与物资管理信息系统不一致；HIS系统中登记的信息与病历中同品目高值医用耗材条码相同，未做到一物一码 | 《医疗机构医用耗材管理办法（试行）》（国卫医发〔2019〕43号）第五十四条，"医疗机构医用耗材管理信息系统应当覆盖医用耗材遴选、采购、验收、入库、储存、盘点、申领、出库、临床使用、质量安全事件报告、不良反应监测、重点监控、超常预警、点评各环节，实现每一件医用耗材的全生命周期可溯源" | 建议医院完善高值医用耗材的赋码管理，保障耗材的可追溯性 |
| 25 | 使用、评价方面 | 高值医用耗材未有效追溯 | 医院临床应用的高值医用耗材登记信息与实际使用情况不符 | 《医疗机构医用耗材管理办法（试行）》（国卫医发〔2019〕43号）第三十九条，"医疗机构应当建立医用耗材临床应用登记制度，使医用耗材信息、患者信息以及诊疗相关信息互关联，保证使用的医用耗材向前可溯源、向后可追踪" | 建议医院规范高值医用耗材登记信息，保证耗材准确追溯 |

## 第三节

# 综合案例

### 案例1：甲医院高值医用耗材审计案例

**一、审计背景**

随着医疗卫生体制改革的不断深入，医用耗材的种类、品种、数量、规格也相应增加。医用耗材是医院资金支出、库存物资、病人医疗费用的重要组成部分。同时伴随着医疗技术的创新，高值医用耗材的使用量越来越大，而高值医用耗材具有使用风险大、产品价值高等特点，其与患者的生命安全、切身利益息息相关。因此，加强对高值医用耗材的监管至关重要，这对保证医院的稳定发展具有重要的意义。

基于上述这些情况，从耗材自身的特点到医改的要求再到医院健康稳定发展的需要，医院开展高值医用耗材审计工作是非常必要的，有利于促进医院加强经营管理，增强服务意识，进一步提高医院的经济效益和社会服务效益。

**二、医院基本情况**

甲医院始建于1941年，是集医疗、教学、科研、预防、保健于一体全面发展的大型三级甲等医院。甲医院内设管理机构30个、科研机构12个、临床科室24个、医技科室8个、分支医疗机构6个。2021年度门急诊量190.78万人次，日均门急诊5 000余人次，年收治住院病人8 100余人。

截至2021年12月31日，甲医院采购高值医用耗材品种786个，涉及金额24 369.47万元。其中集中采购品种22个，涉及金额1 845.32万元。集中采购目录外的高值医用耗材品种764个，涉及金额22 524.15万元。

### 三、审计实施

为进一步规范高值医用耗材管理流程，提高高值医用耗材采购的合规性和效率性，充分发挥审计的"免疫功能"，医院根据年度工作计划开展对高值医用耗材的专项审计工作。

（一）成立审计工作组

甲医院成立以主管院领导为组长，内审部门组织实施耗材专项审计的工作小组，研究确定审计方式、工作内容和审计报告形式等总体要求，明确人员职责分工、合理安排审计任务、按时开展审计工作。

（二）审计范围

本次审计的高值医用耗材品目为耗材 A、耗材 B 和耗材 C，审计时段为 2021 年 1 月 1 日至 2021 年 12 月 31 日。

（三）审计方法

甲医院内部审计人员通过访谈、查询、复核法、重点审计法、审计分析法、抽查法、详查法、穿行测试等审计方法，获得审计证据。

（四）审计程序

1. 检查医院耗材内部控制测试

（1）访谈医装处负责人、医务处负责人，查阅医院内部管理机构设置文件，检查内部管理机构、职能设置和人员管理情况是否符合规定。

（2）查阅医装处负责人述职报告、发展规划及科室职责分工、授权审批等文件，检查耗材管理机制运行是否合理。

（3）查阅医院制定的医用耗材管理相关制度文件，比对国家法律法规涉及耗材管理方面的制度，查看是否存在不合理的情况。

（4）查看医装处不相容岗位是否分离，医院耗材采购审批人员是否参与采购执行任务，医院耗材库存管理人员是否兼任采购员职务；查看医院二级库耗材保管人员是否参与耗材的领用及使用。

2. 检查耗材采购管理情况

（1）查阅医用耗材管理委员会会议纪要以及准入、审批的相关记录文件，检查准入流程是否符合《医院耗材准入管理办法》的规定；审查供应商及产品资质是否合规、有效；查阅本年度医院涉及临时耗材的采购资料，是否执行了医院相关的采购审批程序。

（2）抽取样本高值医用耗材的采购过程资料，查看采购流程及方式是否合规，再通过招采管理平台进行信息搜索查询，查看是否存在应经未经平台阳光采购的情况。

（3）抽取样本高值医用耗材的采购合同，检查合同签订内容是否合法合规。

（4）抽查样本高值医用耗材 HIS 收费目录中的供应商信息，对比医装处提供的供应商目录以及耗材品目目录，查看目录信息是否及时进行更新维护。

3. 检查库存管理情况

对医装处及耗材使用科室进行访谈，鉴于高值医用耗材临床使用要求的特殊性以及耗材管理部门对其管理的要求，医院耗材管理目前采用寄售制。医院一级库为零库存，本次审计对医装处出库单、入库单、验收记录进行抽查，查看出入库手续是否完备，验收记录是否合规；同时抽取部分供应商样本，查看耗材结账周期是否符合医院的规定；查阅医装处对医院二级库的检查记录，查看是否履行了相应的监管职责。

根据访谈内容确定本次高值医用耗材库存管理的检查重点定位在科室二级库管理层面。

（1）比对二级库库存盘点表与库存进销存表记录，检查盘点记录是否完整，核实科室是否进行定期盘点且盘点工作是否真实有效。

（2）走访科室进行高值医用耗材实物盘点，核对样本高值医用耗材二级库系统实时库存结余数量与现场抽盘耗材数量是否一致，检查是否存在账实不符的情况。

4. 检查收费退费情况

（1）从医院 HIS 系统中按耗材品目分别提取审计期间内全字段患者信息数据，以使用科室、耗材品目、耗材收费数量三个维度确定样本量，同时比对患者病历记录、物资管理系统及二级库管理系统中样本数据，核对同一品牌规格型号耗材的收费数量、使用数量、出入库数量，查看是否一一对应，并对存在差异的样本进行复核性分析，筛选出异常样本数据。针对这些异常数据，进一步确认是否属于多收、少收以及重复收费的情况。如存在费用减免事项，审核其合理性及相关性。

（2）调取 HIS 系统中样本高值医用耗材的收费项目，比对物价部门核定收费项目的审批资料，检查医院是否存在未经审批擅自设立收费项目进行收费的行为。

（3）对比收费退费操作流程与制度要求，审阅退费管理文件、耗材退费会计凭证等资料，查看耗材退费原因是否成立，退费相关的授权审核手续是否完善，退费单据信息记录是否完整。

5. 检查财务结算情况

（1）调取财务部门的耗材相关明细账、会计凭证和合同，查看医院是否严格履行合同签订的结算方式，是否及时结算耗材款项。

（2）查阅财务往来款明细账，检查财务部门是否定期与供应商进行往来款对账工作，是否及时清理往来账款。对于长期未清理的账项，是否查找原因并及时进行相应的账务处理。

6. 检查信息系统联动及核对情况

（1）提取 HIS 系统维护的高值医用耗材收费价格数据，并与物资管理系统的样本高值医用耗材采购价格进行核对，查看是否一致。对于不一致的样本价格差异进行分析，查看是否属于系统联动薄弱的情况，再进一步核实医院是否违反了耗材零加成的医改规定。

（2）对耗材使用科室进行访谈，查看患者病历的样本高值医用耗材使用记录是否完整、耗材条码粘贴保管情况是否符合医院耗材管理要求。同时搜索耗材管理系统中的耗材信息记录，查看医院的高值医用耗材是否可以全过程溯源。

**四、审计发现**

审计发现目前医院各部门均能重视高值医用耗材管理工作，耗材管理方面相对比较规范。但是在内控管理、采购管理、存货管理、收费与价格管理方面仍存在薄弱环节。情况如下：

（一）内部控制方面——医用耗材管理制度不健全

经查阅《医院医用耗材管理办法》等制度，发现甲医院仅对医用耗材采购、遴选指定了具体部门，未对验收、存储、发放以及医用耗材的临床使用、监测、评价的各责任部门做出明确规定，且未对医用耗材验收的具体流程做出规定。

以上情况不符合《医疗机构医用耗材管理办法（试行）》（国卫医发〔2019〕43号）第一章第五条"医疗机构应当指定具体部门作为医用耗材管理部门，负责医用耗材的遴选、采购、验收、存储、发放等日常管理工作；指定医务管理部门，负责医用耗材的临床使用、监测、评价等专业技术服务日常管理工作"和第四章第二十四条"……医疗机构应当建立医用耗材验收制度，由验收人员验收合格后方可入库"的规定。

（二）采购管理方面——未执行阳光采购

抽取甲医院集中采购的耗材品目及供应商目录，经招采管理平台查询，未见高值医用耗材样本A的供应商采购订单信息。经核实，该高值医用耗材样本A为招采管理平台外直接采购，未执行阳光采购。

以上情况不符合《国务院办公厅关于印发治理高值医用耗材改革方案的通知》（国办发〔2019〕37号）"完善分类集中采购办法。按照带量采购、量价挂钩、促进市场竞争等原则探索高值医用耗材分类集中采购。所有公立医疗机构采购高值医用耗材须在采购平台上公开交易、阳光采购。对于临床用量较大、采购金额较高、临床使用较成熟、多家企业生产的高值医用耗材，按类别探索集中采购，鼓励医疗机构联合开展带量谈判采购，积极探索跨省联盟采购对已通过医保准入并明确医保支付标准、价格相对稳定的高值医用耗材，实行直接挂网采购"的规定。

（三）存货管理方面——耗材盘点未有效执行

经抽查，甲医院二级库B耗材的出入库记录不完整，无法进行现场盘点；该二级库的高值医用耗材均未进行定期盘点，未见盘点记录。

以上情况不符合国家卫生计生委印发的《预算管理单位国有资产使用管理办法》（国卫财务发〔2015〕85号）第十六条"各单位应当对实物资产进行定期盘点清查，每年度至少一次，可采取一次性或分期分批盘点清查的方法。资产盘点清查工作，由资产管理部门牵头负责组织，财务部门、使用部门和内部审计等相关部门共同参与。对盘点清查中发现的问题，应当作出记录，查明原因，提出处理意见，及时办理审批手续，调整相关账表，保证账账、账卡、账实相符"的规定。

（四）收费与价格管理方面——耗材采购价格与收费价格不一致

经抽查发现，C耗材采购价格为1 000.00元/个，出库价格为1 000.00

元/个，收费单价为 1 200.00 元/个，患者病历记录使用 C 耗材 1 个且金额为 1 200.00 元/个，耗材采购价格与收费价格存在差异，未实现耗材零加成。经分析，因 HRP 物资系统与 HIS 收费系统中的部分耗材品目未能一一对应，系统联动性薄弱，造成收费价格不能及时按照采购价格进行调整。

以上情况不符合《医疗机构医用耗材管理办法（试行）》（国卫医发〔2019〕43号）第五十三条"医疗机构耗材管理信息系统应当与医疗机构其他相关信息系统整合，做到信息互联互通"的规定。

**五、审计建议**

（一）建议甲医院进一步完善医用耗材管理制度，明确耗材验收、存储、发放以及医用耗材的临床使用、监测、评价的具体部门及相应职责、流程。

（二）建议甲医院严格执行采购政策，采购高值医用耗材在采购平台上公开交易、阳光采购。

（三）建议甲医院相关部门加强高值医用耗材管理，完善耗材定期盘点清查工作。

（四）建议甲医院加快 HRP 物资系统与 HIS 收费系统整合，及时保证耗材采购出入库价格与收费价格一致。

**六、审计结果运用**

此次审计共提出审计建议四条，在一定程度上防范和规避了经济风险，增强了甲医院各部门加强高值医用耗材的管理意识和风险意识，促进了高值医用耗材管理的规范化建设。甲医院各相关部门积极采取措施，在高值医用耗材管理方面取得了良好的成效。

（一）针对本次审计提出的问题，甲医院医装处新出台了《高值医用耗材管理办法》，并修订了其他医用耗材相关制度。

（二）甲医院耗材使用科室对二级库耗材进行定期盘点并完善了盘点记录，保证账实相符。

（三）信息部门牵头开发 HIS 系统和 HRP 系统的关联系统，保障两个系统的一致性。

## 案例 2：审计探索——大数据技术在高值医用耗材专项审计中的应用研究

本案例主要运用 SSIS 开展高值医用耗材大数据专项审计。高值医用耗材大数据专项审计涉及的信息系统及从中可获取的数据。本案例中，审计大数据资源依据数据所有权和来源渠道进行归类，可以分为政策法规、基本信息、财务数据、业务数据、管理数据、舆情数据和审计数据 7 类（见表 9-6）。

表 9-6　　　　高值医用耗材审计大数据资源类型

| 数据大类 | 数据中类 | 数据小类 | 数据来源 | 数据结构 |
| --- | --- | --- | --- | --- |
| 政策法规数据 | 政策文件 | 党中央、国务院重大政策措施，上级部门重大政策措施等 | 互联网、医院内部、各级审计部门 | 非结构化 |
| | 法律法规 | 法律、法规、部门规章等，及其解读 | 互联网、医院内部、各级审计部门 | 非结构化 |
| 基本信息数据 | 医院报告 | 医院内部控制评价报告、负责人述职报告、发展规划等 | 医院内部 | 非结构化 |
| | 规章制度 | 医院各科室耗材管理制度、职责分工、授权审批等 | 医院内部 | 非结构化 |
| 财务数据 | 财务核算 | 总账、医院耗材明细账、耗材退费凭证等 | 财务和资产物流系统 | 结构化 |
| 业务数据 | 业务报表 | 库存盘点表、库存进销存表、对外上报的相关统计报表等 | 报表软件 | 结构化 |
| | 业务运营 | 耗材采购、耗材出入库情况；患者收费情况；患者电子病历情况 | HIS 系统、电子病历系统、物资管理系统、二级库出入库系统 | 结构化 非结构化 |
| 管理数据 | 重大决策 | 与耗材有关的决策规则、决策事项、决策程序、会议记录等 | 医院内部 | 非结构化 |
| | 检查批复 | 耗材外部检查的反馈意见、内部检查报告、整改方案、整改报告、各类耗材相关的批复文件等 | 医院内部 | 非结构化 |

续表

| 数据大类 | 数据中类 | 数据小类 | 数据来源 | 数据结构 |
| --- | --- | --- | --- | --- |
| 舆情数据 | — | 中央政府采购网、中国政府采购网 | 互联网 | 非结构化 |
| 审计数据 | — | 审计项目基本情况、以前年度耗材审计中发现的主要问题、审计建议、整改情况等 | 国家卫健委审计管理信息系统、医院审计室 | 结构化非结构化 |

高值医用耗材审计过程中对于涉及耗材管理联动的信息系统要进行核对，也要认真核对医院 HIS 系统患者的费用清单与患者住院、门诊病历记录，以保证患者的合法权益和医院的利益。

**一、检查制度建设情况**

可以运用传统的文档比对技术，但仅是字面上是否一致的比对；还可以运用人工智能，比如自然语言处理，语意相似度，文本分析工具可以针对语句意思进行理解比对。

**二、检查耗材采购情况**

在供应商遴选流程可以通过网络爬虫工具进行外部网络批量查询，搜索供应商信息，给予审计线索。

**三、检查库存管理情况**

（一）在医院高值医用耗材二级库管理系统中，输入患者病历号，查看患者使用的耗材情况；通过耗材样本的条码追踪到该耗材的出入库记录，与患者手术记录中的耗材使用数量、品牌进行对比分析（见图 9-1、图 9-2、图 9-3）。

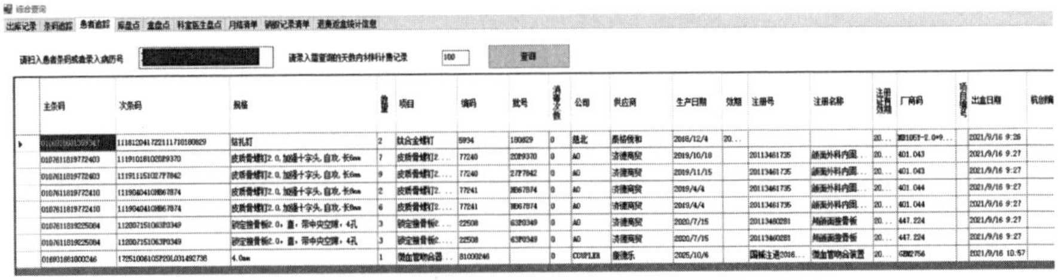

图 9-1 二级库（钛板、钛钉）出入库系统界面

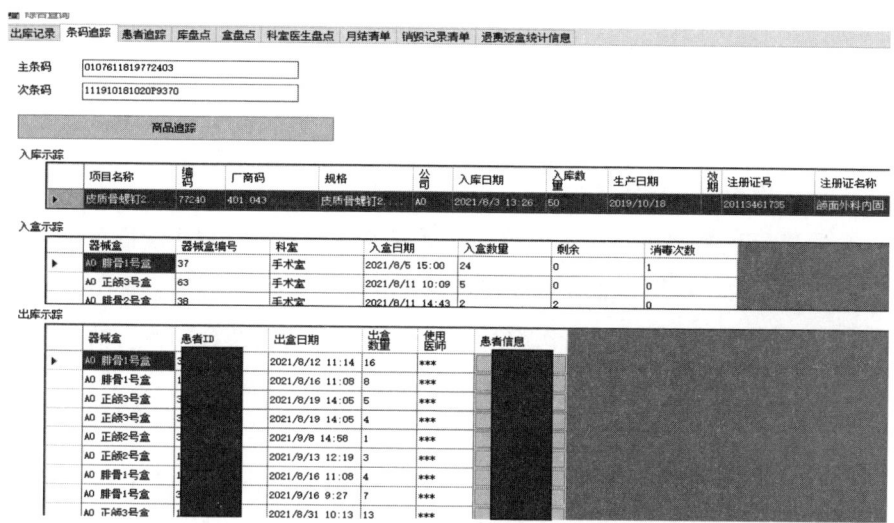

**图 9－2　二级库（钛板、钛钉）出入库系统——条码追踪界面**

4. 通过牵引钉颌间结扎保持上下颌咬合关系。将制备腓骨肌皮瓣移植于缺损区（移植骨塑形方法参见皮瓣制备手术记录），与下颌骨断端行坚固内固定。内固定材料选用AOMini板6块，钉24枚。皮瓣血管蒂动脉与面动脉的近心端行端端吻合；血管蒂的静脉与颈外静脉的近心端行吻合器吻合。吻合后检查血运畅通，咬合关系良好。

**图 9－3　手术记录界面**

（二）现场抽查二级库出入库系统中部分耗材的数量、型号、规格等信息录入是否完整准确；系统的出入库信息录入是否及时；在系统中抽取样本耗材的实时库存数量进行盘点，查看是否账实相符。

## 四、检查收费退费情况

（一）确定高值医用耗材审计的耗材品目，在 HIS 系统中通过 SQL Server Integration Services 即 SSIS 软件，部署数据的 ETL 包，获取 HIS 的患者信息表、收费记录表，选取该品目在审计期间内的患者信息记录，字段包括科室名称、患者姓名、病历号、收费日期、规格型号、收费数量、收费单价等信息。

（二）对 HIS 系统中提取的数据从科室、规格型号、收费数量三个维度进行抽样筛选，保证所有抽样单元都有被选取的机会，并存入数据平台。

（三）在电子病历系统中，输入抽样患者的病历号，再通过 SSIS 的 ETL 数据平台包调取该患者的手术记录、耗材使用记录与耗材收费记录，

存入数据平台。

（四）通过逻辑判断的算法进行比对，比对结果存入平台数据库，通过数据可视化的方式对结果进行数据审核，查看是否存在收费差错、串换收费及其他异常等情况。

**五、检查财务结算情况**

通过 SSIS 软件的 ETL 包，在物资管理系统中提取耗材供货商目录，在财务网报系统中提取样本耗材的报销影印资料，在合同管理系统中提取合同记录，通过关联比对查看医院对供货商的结算情况及合同执行情况；另外，通过财务网报系统，查看耗材资金审批及支付情况。

**六、检查信息系统联动及核对情况**

（一）基于医院物资管理系统与 HIS 收费管理模块的信息尚未实现"无缝衔接"，且医院 HIS 系统、物资管理系统及二级库管理系统中同一耗材品名不一致的情况，建立这三个系统中收费项目和高值医用耗材名称间的对照表，按照审计确定的样本规模及审计期间，通过 SSIS 的 ETL 包分别提取其中同一耗材的收费数量、出入库数量进行核对，查看是否一一对应，并对差异情况进行分析。

（二）通过 SSIS 的 ETL 包获取 HIS 的物价表、收费表、物资管理系统的进货表来查看 HIS 系统维护的耗材收费价格与物资管理系统维护的耗材价格进行核对，是否符合耗材取消加成的医改规定。

附录 1

# 卫生健康行业内部审计基本指引（试行）

**第一条** 为进一步指导和规范卫生健康行业内部审计工作，提高审计工作质量，根据《审计署关于内部审计工作的规定》《卫生计生系统内部审计工作规定》《国家卫生健康委关于进一步加强卫生健康行业内部审计工作的若干意见》等相关规定，结合审计实践，制定本指引。

**第二条** 本指引供各级卫生健康行政部门及属管单位开展审计业务时参考使用。

**第三条** 开展审计业务时，应当遵守职业道德，具备相应的专业胜任能力，履行保密义务，独立、客观、公正地开展审计监督和评价，关注相关经济风险，并对审计质量实施有效控制。严格遵守保密规定，不得泄露在审计中获知的国家秘密、商业秘密、工作秘密、个人隐私和内部信息。

**第四条** 根据年度审计计划确定的审计项目及实施时间，开展审前调查，收集项目资料，评估工作量，统筹审计资源。

**第五条** 编制审计方案，明确审计目标、范围、内容、程序和方法，组建审计组，合理安排人员分工、时间，制定并送达审计通知书。

**第六条** 审计组全面了解审计项目，开展内部控制测试，发现制度是否存在缺失、未执行或执行不严格等情况。

**第七条** 审计组依据项目特点和审计目标综合运用恰当的审计方法，使用现代信息技术，发现审计线索，获取审计证据。审计方法一般包括审核、观察、监盘、访谈、调查、函证、计算和分析程序等。

**第八条** 审计组在审计工作中发现重大的问题线索，及时按程序向单位党组织、主要负责人请示报告。

**第九条** 审计组在审计工作中编制审计工作底稿，记录审计程序，归纳审计证据，形成审计结论。建立审计工作底稿分级复核制度，明确各级复核人员的职责和要求。

**第十条** 审计组汇总分析审计证据，提出审计建议，形成审计报告初稿，经规定程序复核后，征求被审计单位合理意见。研究采纳情况并按程序审定后，出具审计报告，送达被审计单位。

**第十一条** 按照立行立改、分阶段整改、持续整改的要求，督促被审计单位采取措施推动审计整改。

**第十二条** 加强内部审计与纪检监察、巡视巡察、组织人事、财会监督等其他监督力量协作配合，做好问题线索移送、责任追究等工作。

**第十三条** 审计组在项目结束后，及时收集审计材料，按规定归类整理、编目装订、组合成卷和定期归档。具备条件的，可以建立电子审计档案。

**第十四条** 本指引不能替代相关法律法规、部门规章、规范性文件及审计职业判断。对未涉及事项，需参考相关内部审计准则、指南、指引等。

**第十五条** 本指引由国家卫生健康委财务司负责解释。

附录 2

# 高值医用耗材专项审计指引（试行）

**第一条** 为进一步指导和规范各级卫生健康行政部门及属管单位开展高值医用耗材专项审计业务，提高内部审计工作质量，根据《治理高值医用耗材改革方案》《卫生计生系统内部审计工作规定》《医疗机构医用耗材管理办法（试行）》《国家卫生健康委办公厅关于印发第一批国家高值医用耗材重点治理清单的通知》等相关规定，结合审计实践，制定本指引。

**第二条** 高值医用耗材具有直接作用于人体、对安全性有严格要求、临床使用量大、价格相对较高等特点，审计组应当遵照国家及属地管理要求，结合被审计单位实际，确定审计内容。

**第三条** 审计时运用观察、检查、询问、重新计算、重新执行、穿行测试等，开展内部控制测试和实质性程序。

**第四条** 设计和实施内部控制测试时，重点关注以下内容：

（一）机构与职责。查阅内设机构及职能设置文件、会议纪要等，了解机构设置、职责分工及落实情况。包括是否按规定设立医用耗材管理委员会，是否履行职责；医用耗材管理部门、医务管理部门是否履行职责；是否建立健全议事决策机制、岗位责任制、内部监督等机制，其中岗位责任制是否明确岗位办理业务和事项的权限范围、审批程序和责任。

（二）人员管理。查阅岗位职责、轮岗记录等资料，访谈相关人员，了解关键岗位人员管理情况。包括从事医用耗材管理相关工作的人员是否具备与管理工作相适应的专业学历、技术职称；不相容岗位是否相互分离；是否对医用耗材管理关键岗位人员建立培训、评价、轮岗等机制；不具备轮岗条件的是否定期采取专项审计等控制措施等。

（三）制度建设。查阅医用耗材管理制度、业务流程、内部控制评价报告等资料，了解制度体系健全、合规情况。包括是否界定高值医用耗材管理范围；是否建立健全医用耗材管理制度，是否明确遴选、采购、库存、收费、财务、信息化建设、使用评价等内容；是否符合国家及属地有关规定；是否明确审核审批事项，是否建立授权审批控制；相关制度是否有效执行等。

（四）信息化建设。查看耗材管理系统及其他相关信息系统，查阅内部控制评价报告等资料，了解信息化建设及运行情况，包括是否建立耗材管理系统，是否嵌入内部控制要求，是否可以覆盖高值医用耗材管理各环节；是否与内部其他相关信息系统互联互通；录入信息是否全面、完整、准确等。

**第五条** 审计遴选管理情况时，重点关注以下内容：

（一）管理制度。查阅医用耗材、供货商遴选、耗材准入等管理制度，审计是否规定耗材及供应商遴选和准入的流程、资质要求、审核审批权限等内容，是否明确对耗材目录动态管理的要求等。

（二）准入遴选。查阅新增耗材准入遴选相关记录、会议纪要、医疗机构医用耗材供应目录（以下简称供应目录）等资料，对比分析集中采购管理平台数据，审计耗材品目信息是否一致；新耗材准入是否按照权限履行审核审批程序，审批结果记录是否完整等。

（三）供应商管理。查阅供应目录、医疗器械经营企业许可证、企业法人营业执照、授权代理证明、产品注册证及附页等资料，审计供应商及产品资质是否合规、有效，调整审批记录是否完整；实际执行的供应商是否在供应目录范围内等。

（四）目录管理。查阅供应目录，审计属于国家或省市医用耗材集中采购目录的是否从中遴选，是否包含耗材、供应商等信息，是否定期调整等。

**第六条** 审计采购管理情况，重点关注以下内容：

（一）管理制度。查阅采购管理制度，审计是否规定采购方式、流程、审批权限等内容。

（二）采购执行。查阅采购申请审批表、采购资料、采购合同及台账等，查看集中采购管理平台，审计集中采购的高值医用耗材是否在规定的平台上采购，成交价格与平台价格是否存在差异；一年内重复多次临时采购的高值医用耗材是否按程序审批并及时纳入供应目录；集中采购目录外高值医用耗材的采购程序、采购方式是否符合有关规定；是否按照权限履行审核审批程序等。

（三）采购合同。查阅采购合同等资料，审计是否签订采购合同，合同要素、条款是否完整，合同条款是否合理等。

**第七条** 审计库存管理情况时，重点关注以下内容：

（一）管理制度。查阅库存管理制度，审计是否规定验收、出入库、存储转运、盘点对账等内容。

（二）出入库管理。查阅采购、验收、出入库记录和发票、送货清单并对比分析，审计是否按规定及合同约定开展验收确认；各类单据记载信息是否一致；出入库手续是否完备、合规，耗材是否在效期内；是否按规定保管送货及出入库单据等。

（三）实物管理。查阅资产账、出入库记录等资料，现场查看实物保管情况，审计各级库房是否安排专人管理并记录明细台账；各级库房、转运消毒中心等交接记录是否完整；是否违规使用供应目录外高值医用耗材等。

（四）盘点对账。查阅盘点记录、资产账等资料，开展监盘，查看耗材管理信息系统、医院管理信息系统（HIS 系统）并对比分析，审计是否指定专人定期盘点对账；账实、账账是否相符；是否依据盘点结果查明盘盈盘亏原因并按规定处理等。

**第八条** 审计收费和价格管理情况时，重点关注以下内容：

（一）管理制度。查阅收费和价格管理制度，审计是否规定收费和退费流程、审批权限、成本测算及控制、调价管理、价格公示、费用清单等内容。

（二）政策落实。查看并对比分析耗材管理信息系统、HIS 系统中收费项目数据，审计是否执行国家及属地规定的"零差率"、医保基金使用、价格行为管理等政策，是否存在未经价格管理部门备案或批复的医疗服务项目；医疗服务价格是否及时调整；是否根据巡视巡察、审计、飞行检查等监督检查发现问题及时整改等。

（三）收费合规。查看耗材管理系统、HIS 系统，对比分析收费、病历、出库记录和耗材条码信息等，审计记载信息是否一致；是否存在重复收费、超范围收费、超标准收费、分解项目收费、串换医用耗材、虚假收费等情况。

（四）退费管理。查阅费用减免、退费管理等制度、业务流程、业务审批单等资料，查看耗材管理系统、HIS 系统，审计是否按照权限履行审核审批程序，事由是否合理，单据内容是否完整等。

**第九条**　审计财务管理情况时，查阅部门预算文件、会计账簿、会计凭证、采购合同、资产账、盘点记录等资料，重点关注高值医用耗材采购是否纳入年度部门预算；是否按照中小企业款项支付政策及合同约定履行付款义务；相关信息是否一致；是否及时进行账务处理；是否定期与耗材管理部门核对账务。

**第十条**　审计使用评价情况时，查阅内部制度和出入库、病历、收费记录等资料，重点关注内部制度是否规定高值医用耗材临床应用质量安全事件报告、不良反应监测、重点监控、超常预警和评价等内容，执行是否有效；相关信息记录是否完整、一致，是否可追溯等。

**第十一条**　关注采用供应链延伸服务（SPD）模式管理高值医用耗材的相关风险。查阅内部制度、服务合同、财务账簿、会计凭证、会议纪要等资料，查看相关信息系统，访谈相关人员，了解单位使用 SPD 模式的决策情况，对配送商、供应商的监管措施及执行情况，相关信息系统安全性、数据所有权归属等情况。

审计采购方式是否适当，合同是否约定单位、配送商、供应商的权利义务、违约责任等内容，是否强制供应商使用相关信息系统；是否按规定及合同约定结算货款和服务费；单位工作人员是否参与耗材验收；发票是否真实、准确，是否符合"两票制"改革导向等。

**第十二条**　高值医用耗材专项审计业务涉及采购、合同、财务、资产等内容的，需参考国家有关规定及其他审计指引等。

**第十三条**　本指引由国家卫生健康委财务司负责解释。

附录 3

# 主要制度

## 医疗器械监督管理条例

（2000年1月4日中华人民共和国国务院令第276号公布　2014年2月12日国务院第39次常务会议修订通过　根据2017年5月4日《国务院关于修改〈医疗器械监督管理条例〉的决定》修订　2020年12月21日国务院第119次常务会议修订通过）

### 第一章　总　　则

**第一条**　为了保证医疗器械的安全、有效，保障人体健康和生命安全，促进医疗器械产业发展，制定本条例。

**第二条**　在中华人民共和国境内从事医疗器械的研制、生产、经营、使用活动及其监督管理，适用本条例。

**第三条**　国务院药品监督管理部门负责全国医疗器械监督管理工作。

国务院有关部门在各自的职责范围内负责与医疗器械有关的监督管理工作。

**第四条**　县级以上地方人民政府应当加强对本行政区域的医疗器械监督管理工作的领导，组织协调本行政区域内的医疗器械监督管理工作以及突发事件应对工作，加强医疗器械监督管理能力建设，为医疗器械安全工作提供保障。

县级以上地方人民政府负责药品监督管理的部门负责本行政区域的医疗器械监督管理工作。县级以上地方人民政府有关部门在各自的职责范围内负责与医疗器械有关的监督管理工作。

**第五条** 医疗器械监督管理遵循风险管理、全程管控、科学监管、社会共治的原则。

**第六条** 国家对医疗器械按照风险程度实行分类管理。

第一类是风险程度低，实行常规管理可以保证其安全、有效的医疗器械。

第二类是具有中度风险，需要严格控制管理以保证其安全、有效的医疗器械。

第三类是具有较高风险，需要采取特别措施严格控制管理以保证其安全、有效的医疗器械。

评价医疗器械风险程度，应当考虑医疗器械的预期目的、结构特征、使用方法等因素。

国务院药品监督管理部门负责制定医疗器械的分类规则和分类目录，并根据医疗器械生产、经营、使用情况，及时对医疗器械的风险变化进行分析、评价，对分类规则和分类目录进行调整。制定、调整分类规则和分类目录，应当充分听取医疗器械注册人、备案人、生产经营企业以及使用单位、行业组织的意见，并参考国际医疗器械分类实践。医疗器械分类规则和分类目录应当向社会公布。

**第七条** 医疗器械产品应当符合医疗器械强制性国家标准；尚无强制性国家标准的，应当符合医疗器械强制性行业标准。

**第八条** 国家制定医疗器械产业规划和政策，将医疗器械创新纳入发展重点，对创新医疗器械予以优先审评审批，支持创新医疗器械临床推广和使用，推动医疗器械产业高质量发展。国务院药品监督管理部门应当配合国务院有关部门，贯彻实施国家医疗器械产业规划和引导政策。

**第九条** 国家完善医疗器械创新体系，支持医疗器械的基础研究和应用研究，促进医疗器械新技术的推广和应用，在科技立项、融资、信贷、招标采购、医疗保险等方面予以支持。支持企业设立或者联合组建研制机构，鼓励企业与高等学校、科研院所、医疗机构等合作开展医疗器械的研究与创新，加强医疗器械知识产权保护，提高医疗器械自主创新能力。

**第十条** 国家加强医疗器械监督管理信息化建设，提高在线政务服务水平，为医疗器械行政许可、备案等提供便利。

**第十一条** 医疗器械行业组织应当加强行业自律,推进诚信体系建设,督促企业依法开展生产经营活动,引导企业诚实守信。

**第十二条** 对在医疗器械的研究与创新方面做出突出贡献的单位和个人,按照国家有关规定给予表彰奖励。

## 第二章 医疗器械产品注册与备案

**第十三条** 第一类医疗器械实行产品备案管理,第二类、第三类医疗器械实行产品注册管理。

医疗器械注册人、备案人应当加强医疗器械全生命周期质量管理,对研制、生产、经营、使用全过程中医疗器械的安全性、有效性依法承担责任。

**第十四条** 第一类医疗器械产品备案和申请第二类、第三类医疗器械产品注册,应当提交下列资料:

(一)产品风险分析资料;

(二)产品技术要求;

(三)产品检验报告;

(四)临床评价资料;

(五)产品说明书以及标签样稿;

(六)与产品研制、生产有关的质量管理体系文件;

(七)证明产品安全、有效所需的其他资料。

产品检验报告应当符合国务院药品监督管理部门的要求,可以是医疗器械注册申请人、备案人的自检报告,也可以是委托有资质的医疗器械检验机构出具的检验报告。

符合本条例第二十四条规定的免于进行临床评价情形的,可以免于提交临床评价资料。

医疗器械注册申请人、备案人应当确保提交的资料合法、真实、准确、完整和可追溯。

**第十五条** 第一类医疗器械产品备案,由备案人向所在地设区的市级人民政府负责药品监督管理的部门提交备案资料。

向我国境内出口第一类医疗器械的境外备案人,由其指定的我国境内企业法人向国务院药品监督管理部门提交备案资料和备案人所在国（地区）主管部门准许该医疗器械上市销售的证明文件。未在境外上市的创新医疗器械，可以不提交备案人所在国（地区）主管部门准许该医疗器械上市销售的证明文件。

备案人向负责药品监督管理的部门提交符合本条例规定的备案资料后即完成备案。负责药品监督管理的部门应当自收到备案资料之日起 5 个工作日内，通过国务院药品监督管理部门在线政务服务平台向社会公布备案有关信息。

备案资料载明的事项发生变化的，应当向原备案部门变更备案。

**第十六条** 申请第二类医疗器械产品注册，注册申请人应当向所在地省、自治区、直辖市人民政府药品监督管理部门提交注册申请资料。申请第三类医疗器械产品注册，注册申请人应当向国务院药品监督管理部门提交注册申请资料。

向我国境内出口第二类、第三类医疗器械的境外注册申请人，由其指定的我国境内企业法人向国务院药品监督管理部门提交注册申请资料和注册申请人所在国（地区）主管部门准许该医疗器械上市销售的证明文件。未在境外上市的创新医疗器械，可以不提交注册申请人所在国（地区）主管部门准许该医疗器械上市销售的证明文件。

国务院药品监督管理部门应当对医疗器械注册审查程序和要求作出规定，并加强对省、自治区、直辖市人民政府药品监督管理部门注册审查工作的监督指导。

**第十七条** 受理注册申请的药品监督管理部门应当对医疗器械的安全性、有效性以及注册申请人保证医疗器械安全、有效的质量管理能力等进行审查。

受理注册申请的药品监督管理部门应当自受理注册申请之日起 3 个工作日内将注册申请资料转交技术审评机构。技术审评机构应当在完成技术审评后，将审评意见提交受理注册申请的药品监督管理部门作为审批的依据。

受理注册申请的药品监督管理部门在组织对医疗器械的技术审评时认为有必要对质量管理体系进行核查的，应当组织开展质量管理体系核查。

**第十八条** 受理注册申请的药品监督管理部门应当自收到审评意见之日起 20 个工作日内作出决定。对符合条件的，准予注册并发给医疗器械注册证；对不符合条件的，不予注册并书面说明理由。

受理注册申请的药品监督管理部门应当自医疗器械准予注册之日起 5 个工作日内，通过国务院药品监督管理部门在线政务服务平台向社会公布注册有关信息。

**第十九条** 对用于治疗罕见疾病、严重危及生命且尚无有效治疗手段的疾病和应对公共卫生事件等急需的医疗器械，受理注册申请的药品监督管理部门可以作出附条件批准决定，并在医疗器械注册证中载明相关事项。

出现特别重大突发公共卫生事件或者其他严重威胁公众健康的紧急事件，国务院卫生主管部门根据预防、控制事件的需要提出紧急使用医疗器械的建议，经国务院药品监督管理部门组织论证同意后可以在一定范围和期限内紧急使用。

**第二十条** 医疗器械注册人、备案人应当履行下列义务：

（一）建立与产品相适应的质量管理体系并保持有效运行；

（二）制定上市后研究和风险管控计划并保证有效实施；

（三）依法开展不良事件监测和再评价；

（四）建立并执行产品追溯和召回制度；

（五）国务院药品监督管理部门规定的其他义务。

境外医疗器械注册人、备案人指定的我国境内企业法人应当协助注册人、备案人履行前款规定的义务。

**第二十一条** 已注册的第二类、第三类医疗器械产品，其设计、原材料、生产工艺、适用范围、使用方法等发生实质性变化，有可能影响该医疗器械安全、有效的，注册人应当向原注册部门申请办理变更注册手续；发生其他变化的，应当按照国务院药品监督管理部门的规定备案或者报告。

**第二十二条** 医疗器械注册证有效期为 5 年。有效期届满需要延续注册的，应当在有效期届满 6 个月前向原注册部门提出延续注册的申请。

除有本条第三款规定情形外，接到延续注册申请的药品监督管理部门应当在医疗器械注册证有效期届满前作出准予延续的决定。逾期未作决定的，视为准予延续。

有下列情形之一的，不予延续注册：

（一）未在规定期限内提出延续注册申请；

（二）医疗器械强制性标准已经修订，申请延续注册的医疗器械不能达到新要求；

（三）附条件批准的医疗器械，未在规定期限内完成医疗器械注册证载明事项。

**第二十三条** 对新研制的尚未列入分类目录的医疗器械，申请人可以依照本条例有关第三类医疗器械产品注册的规定直接申请产品注册，也可以依据分类规则判断产品类别并向国务院药品监督管理部门申请类别确认后依照本条例的规定申请产品注册或者进行产品备案。

直接申请第三类医疗器械产品注册的，国务院药品监督管理部门应当按照风险程度确定类别，对准予注册的医疗器械及时纳入分类目录。申请类别确认的，国务院药品监督管理部门应当自受理申请之日起 20 个工作日内对该医疗器械的类别进行判定并告知申请人。

**第二十四条** 医疗器械产品注册、备案，应当进行临床评价；但是符合下列情形之一，可以免于进行临床评价：

（一）工作机理明确、设计定型，生产工艺成熟，已上市的同品种医疗器械临床应用多年且无严重不良事件记录，不改变常规用途的；

（二）其他通过非临床评价能够证明该医疗器械安全、有效的。

国务院药品监督管理部门应当制定医疗器械临床评价指南。

**第二十五条** 进行医疗器械临床评价，可以根据产品特征、临床风险、已有临床数据等情形，通过开展临床试验，或者通过对同品种医疗器械临床文献资料、临床数据进行分析评价，证明医疗器械安全、有效。

按照国务院药品监督管理部门的规定，进行医疗器械临床评价时，已有临床文献资料、临床数据不足以确认产品安全、有效的医疗器械，应当开展临床试验。

**第二十六条** 开展医疗器械临床试验，应当按照医疗器械临床试验质量管理规范的要求，在具备相应条件的临床试验机构进行，并向临床试申办者所在地省、自治区、直辖市人民政府药品监督管理部门备案。接受临床试验备案的药品监督管理部门应当将备案情况通报临床试验机构所在地同级药品监督管理部门和卫生主管部门。

医疗器械临床试验机构实行备案管理。医疗器械临床试验机构应当具备的条件以及备案管理办法和临床试验质量管理规范，由国务院药品监督管理部门会同国务院卫生主管部门制定并公布。

国家支持医疗机构开展临床试验，将临床试验条件和能力评价纳入医疗机构等级评审，鼓励医疗机构开展创新医疗器械临床试验。

**第二十七条** 第三类医疗器械临床试验对人体具有较高风险的，应当经国务院药品监督管理部门批准。国务院药品监督管理部门审批临床试验，应当对拟承担医疗器械临床试验的机构的设备、专业人员等条件，该医疗器械的风险程度，临床试验实施方案，临床受益与风险对比分析报告等进行综合分析，并自受理申请之日起60个工作日内作出决定并通知临床试验申办者。逾期未通知的，视为同意。准予开展临床试验的，应当通报临床试验机构所在地省、自治区、直辖市人民政府药品监督管理部门和卫生主管部门。

临床试验对人体具有较高风险的第三类医疗器械目录由国务院药品监督管理部门制定、调整并公布。

**第二十八条** 开展医疗器械临床试验，应当按照规定进行伦理审查，向受试者告知试验目的、用途和可能产生的风险等详细情况，获得受试者的书面知情同意；受试者为无民事行为能力人或者限制民事行为能力人的，应当依法获得其监护人的书面知情同意。

开展临床试验，不得以任何形式向受试者收取与临床试验有关的费用。

**第二十九条** 对正在开展临床试验的用于治疗严重危及生命且尚无有效治疗手段的疾病的医疗器械，经医学观察可能使患者获益，经伦理审查、知情同意后，可以在开展医疗器械临床试验的机构内免费用于其他病情相同的患者，其安全性数据可以用于医疗器械注册申请。

## 第三章 医疗器械生产

**第三十条** 从事医疗器械生产活动,应当具备下列条件:

(一)有与生产的医疗器械相适应的生产场地、环境条件、生产设备以及专业技术人员;

(二)有能对生产的医疗器械进行质量检验的机构或者专职检验人员以及检验设备;

(三)有保证医疗器械质量的管理制度;

(四)有与生产的医疗器械相适应的售后服务能力;

(五)符合产品研制、生产工艺文件规定的要求。

**第三十一条** 从事第一类医疗器械生产的,应当向所在地设区的市级人民政府负责药品监督管理的部门备案,在提交符合本条例第三十条规定条件的有关资料后即完成备案。

医疗器械备案人自行生产第一类医疗器械的,可以在依照本条例第十五条规定进行产品备案时一并提交符合本条例第三十条规定条件的有关资料,即完成生产备案。

**第三十二条** 从事第二类、第三类医疗器械生产的,应当向所在地省、自治区、直辖市人民政府药品监督管理部门申请生产许可并提交其符合本条例第三十条规定条件的有关资料以及所生产医疗器械的注册证。

受理生产许可申请的药品监督管理部门应当对申请资料进行审核,按照国务院药品监督管理部门制定的医疗器械生产质量管理规范的要求进行核查,并自受理申请之日起 20 个工作日内作出决定。对符合规定条件的,准予许可并发给医疗器械生产许可证;对不符合规定条件的,不予许可并书面说明理由。

医疗器械生产许可证有效期为 5 年。有效期届满需要延续的,依照有关行政许可的法律规定办理延续手续。

**第三十三条** 医疗器械生产质量管理规范应当对医疗器械的设计开发、生产设备条件、原材料采购、生产过程控制、产品放行、企业的机构设置和人员配备等影响医疗器械安全、有效的事项作出明确规定。

**第三十四条** 医疗器械注册人、备案人可以自行生产医疗器械,也可以委托符合本条例规定、具备相应条件的企业生产医疗器械。

委托生产医疗器械的，医疗器械注册人、备案人应当对所委托生产的医疗器械质量负责，并加强对受托生产企业生产行为的管理，保证其按照法定要求进行生产。医疗器械注册人、备案人应当与受托生产企业签订委托协议，明确双方权利、义务和责任。受托生产企业应当依照法律法规、医疗器械生产质量管理规范、强制性标准、产品技术要求和委托协议组织生产，对生产行为负责，并接受委托方的监督。

具有高风险的植入性医疗器械不得委托生产，具体目录由国务院药品监督管理部门制定、调整并公布。

第三十五条　医疗器械注册人、备案人、受托生产企业应当按照医疗器械生产质量管理规范，建立健全与所生产医疗器械相适应的质量管理体系并保证其有效运行；严格按照经注册或者备案的产品技术要求组织生产，保证出厂的医疗器械符合强制性标准以及经注册或者备案的产品技术要求。

医疗器械注册人、备案人、受托生产企业应当定期对质量管理体系的运行情况进行自查，并按照国务院药品监督管理部门的规定提交自查报告。

第三十六条　医疗器械的生产条件发生变化，不再符合医疗器械质量管理体系要求的，医疗器械注册人、备案人、受托生产企业应当立即采取整改措施；可能影响医疗器械安全、有效的，应当立即停止生产活动，并向原生产许可或者生产备案部门报告。

第三十七条　医疗器械应当使用通用名称。通用名称应当符合国务院药品监督管理部门制定的医疗器械命名规则。

第三十八条　国家根据医疗器械产品类别，分步实施医疗器械唯一标识制度，实现医疗器械可追溯，具体办法由国务院药品监督管理部门会同国务院有关部门制定。

第三十九条　医疗器械应当有说明书、标签。说明书、标签的内容应当与经注册或者备案的相关内容一致，确保真实、准确。

医疗器械的说明书、标签应当标明下列事项：

（一）通用名称、型号、规格；

（二）医疗器械注册人、备案人、受托生产企业的名称、地址以及联系方式；

（三）生产日期，使用期限或者失效日期；

（四）产品性能、主要结构、适用范围；

（五）禁忌、注意事项以及其他需要警示或者提示的内容；

（六）安装和使用说明或者图示；

（七）维护和保养方法，特殊运输、贮存的条件、方法；

（八）产品技术要求规定应当标明的其他内容。

第二类、第三类医疗器械还应当标明医疗器械注册证编号。

由消费者个人自行使用的医疗器械还应当具有安全使用的特别说明。

## 第四章 医疗器械经营与使用

**第四十条** 从事医疗器械经营活动，应当有与经营规模和经营范围相适应的经营场所和贮存条件，以及与经营的医疗器械相适应的质量管理制度和质量管理机构或者人员。

**第四十一条** 从事第二类医疗器械经营的，由经营企业向所在地设区的市级人民政府负责药品监督管理的部门备案并提交符合本条例第四十条规定条件的有关资料。

按照国务院药品监督管理部门的规定，对产品安全性、有效性不受流通过程影响的第二类医疗器械，可以免于经营备案。

**第四十二条** 从事第三类医疗器械经营的，经营企业应当向所在地设区的市级人民政府负责药品监督管理的部门申请经营许可并提交符合本条例第四十条规定条件的有关资料。

受理经营许可申请的负责药品监督管理的部门应当对申请资料进行审查，必要时组织核查，并自受理申请之日起 20 个工作日内作出决定。对符合规定条件的，准予许可并发给医疗器械经营许可证；对不符合规定条件的，不予许可并书面说明理由。

医疗器械经营许可证有效期为 5 年。有效期届满需要延续的，依照有关行政许可的法律规定办理延续手续。

**第四十三条** 医疗器械注册人、备案人经营其注册、备案的医疗器械，无须办理医疗器械经营许可或者备案，但应当符合本条例规定的经营条件。

第四十四条　从事医疗器械经营，应当依照法律法规和国务院药品监督管理部门制定的医疗器械经营质量管理规范的要求，建立健全与所经营医疗器械相适应的质量管理体系并保证其有效运行。

第四十五条　医疗器械经营企业、使用单位应当从具备合法资质的医疗器械注册人、备案人、生产经营企业购进医疗器械。购进医疗器械时，应当查验供货者的资质和医疗器械的合格证明文件，建立进货查验记录制度。从事第二类、第三类医疗器械批发业务以及第三类医疗器械零售业务的经营企业，还应当建立销售记录制度。

记录事项包括：

（一）医疗器械的名称、型号、规格、数量；

（二）医疗器械的生产批号、使用期限或者失效日期、销售日期；

（三）医疗器械注册人、备案人和受托生产企业的名称；

（四）供货者或者购货者的名称、地址以及联系方式；

（五）相关许可证明文件编号等。

进货查验记录和销售记录应当真实、准确、完整和可追溯，并按照国务院药品监督管理部门规定的期限予以保存。国家鼓励采用先进技术手段进行记录。

第四十六条　从事医疗器械网络销售的，应当是医疗器械注册人、备案人或者医疗器械经营企业。从事医疗器械网络销售的经营者，应当将从事医疗器械网络销售的相关信息告知所在地设区的市级人民政府负责药品监督管理的部门，经营第一类医疗器械和本条例第四十一条第二款规定的第二类医疗器械的除外。

为医疗器械网络交易提供服务的电子商务平台经营者应当对入网医疗器械经营者进行实名登记，审查其经营许可、备案情况和所经营医疗器械产品注册、备案情况，并对其经营行为进行管理。电子商务平台经营者发现入网医疗器械经营者有违反本条例规定行为的，应当及时制止并立即报告医疗器械经营者所在地设区的市级人民政府负责药品监督管理的部门；发现严重违法行为的，应当立即停止提供网络交易平台服务。

**第四十七条** 运输、贮存医疗器械，应当符合医疗器械说明书和标签标示的要求；对温度、湿度等环境条件有特殊要求的，应当采取相应措施，保证医疗器械的安全、有效。

**第四十八条** 医疗器械使用单位应当有与在用医疗器械品种、数量相适应的贮存场所和条件。医疗器械使用单位应当加强对工作人员的技术培训，按照产品说明书、技术操作规范等要求使用医疗器械。

医疗器械使用单位配置大型医用设备，应当符合国务院卫生主管部门制定的大型医用设备配置规划，与其功能定位、临床服务需求相适应，具有相应的技术条件、配套设施和具备相应资质、能力的专业技术人员，并经省级以上人民政府卫生主管部门批准，取得大型医用设备配置许可证。

大型医用设备配置管理办法由国务院卫生主管部门会同国务院有关部门制定。大型医用设备目录由国务院卫生主管部门商国务院有关部门提出，报国务院批准后执行。

**第四十九条** 医疗器械使用单位对重复使用的医疗器械，应当按照国务院卫生主管部门制定的消毒和管理的规定进行处理。

一次性使用的医疗器械不得重复使用，对使用过的应当按照国家有关规定销毁并记录。一次性使用的医疗器械目录由国务院药品监督管理部门会同国务院卫生主管部门制定、调整并公布。列入一次性使用的医疗器械目录，应当具有充足的无法重复使用的证据理由。重复使用可以保证安全、有效的医疗器械，不列入一次性使用的医疗器械目录。对因设计、生产工艺、消毒灭菌技术等改进后重复使用可以保证安全、有效的医疗器械，应当调整出一次性使用的医疗器械目录，允许重复使用。

**第五十条** 医疗器械使用单位对需要定期检查、检验、校准、保养、维护的医疗器械，应当按照产品说明书的要求进行检查、检验、校准、保养、维护并予以记录，及时进行分析、评估，确保医疗器械处于良好状态，保障使用质量；对使用期限长的大型医疗器械，应当逐台建立使用档案，记录其使用、维护、转让、实际使用时间等事项。记录保存期限不得少于医疗器械规定使用期限终止后 5 年。

**第五十一条** 医疗器械使用单位应当妥善保存购入第三类医疗器械的原始资料，并确保信息具有可追溯性。

使用大型医疗器械以及植入和介入类医疗器械的，应当将医疗器械的名称、关键性技术参数等信息以及与使用质量安全密切相关的必要信息记载到病历等相关记录中。

**第五十二条** 发现使用的医疗器械存在安全隐患的，医疗器械使用单位应当立即停止使用，并通知医疗器械注册人、备案人或者其他负责产品质量的机构进行检修；经检修仍不能达到使用安全标准的医疗器械，不得继续使用。

**第五十三条** 对国内尚无同品种产品上市的体外诊断试剂，符合条件的医疗机构根据本单位的临床需要，可以自行研制，在执业医师指导下在本单位内使用。具体管理办法由国务院药品监督管理部门会同国务院卫生主管部门制定。

**第五十四条** 负责药品监督管理的部门和卫生主管部门依据各自职责，分别对使用环节的医疗器械质量和医疗器械使用行为进行监督管理。

**第五十五条** 医疗器械经营企业、使用单位不得经营、使用未依法注册或者备案、无合格证明文件以及过期、失效、淘汰的医疗器械。

**第五十六条** 医疗器械使用单位之间转让在用医疗器械，转让方应当确保所转让的医疗器械安全、有效，不得转让过期、失效、淘汰以及检验不合格的医疗器械。

**第五十七条** 进口的医疗器械应当是依照本条例第二章的规定已注册或者已备案的医疗器械。

进口的医疗器械应当有中文说明书、中文标签。说明书、标签应当符合本条例规定以及相关强制性标准的要求，并在说明书中载明医疗器械的原产地以及境外医疗器械注册人、备案人指定的我国境内企业法人的名称、地址、联系方式。没有中文说明书、中文标签或者说明书、标签不符合本条规定的，不得进口。

医疗机构因临床急需进口少量第二类、第三类医疗器械的，经国务院药品监督管理部门或者国务院授权的省、自治区、直辖市人民政府批准，可以进口。进口的医疗器械应当在指定医疗机构内用于特定医疗目的。

禁止进口过期、失效、淘汰等已使用过的医疗器械。

**第五十八条** 出入境检验检疫机构依法对进口的医疗器械实施检验；

检验不合格的，不得进口。

国务院药品监督管理部门应当及时向国家出入境检验检疫部门通报进口医疗器械的注册和备案情况。进口口岸所在地出入境检验检疫机构应当及时向所在地设区的市级人民政府负责药品监督管理的部门通报进口医疗器械的通关情况。

**第五十九条** 出口医疗器械的企业应当保证其出口的医疗器械符合进口国（地区）的要求。

**第六十条** 医疗器械广告的内容应当真实合法，以经负责药品监督管理的部门注册或者备案的医疗器械说明书为准，不得含有虚假、夸大、误导性的内容。

发布医疗器械广告，应当在发布前由省、自治区、直辖市人民政府确定的广告审查机关对广告内容进行审查，并取得医疗器械广告批准文号；未经审查，不得发布。

省级以上人民政府药品监督管理部门责令暂停生产、进口、经营和使用的医疗器械，在暂停期间不得发布涉及该医疗器械的广告。

医疗器械广告的审查办法由国务院市场监督管理部门制定。

## 第五章  不良事件的处理与医疗器械的召回

**第六十一条** 国家建立医疗器械不良事件监测制度，对医疗器械不良事件及时进行收集、分析、评价、控制。

**第六十二条** 医疗器械注册人、备案人应当建立医疗器械不良事件监测体系，配备与其产品相适应的不良事件监测机构和人员，对其产品主动开展不良事件监测，并按照国务院药品监督管理部门的规定，向医疗器械不良事件监测技术机构报告调查、分析、评价、产品风险控制等情况。

医疗器械生产经营企业、使用单位应当协助医疗器械注册人、备案人对所生产经营或者使用的医疗器械开展不良事件监测；发现医疗器械不良事件或者可疑不良事件，应当按照国务院药品监督管理部门的规定，向医疗器械不良事件监测技术机构报告。

其他单位和个人发现医疗器械不良事件或者可疑不良事件，有权向负责药品监督管理的部门或者医疗器械不良事件监测技术机构报告。

**第六十三条** 国务院药品监督管理部门应当加强医疗器械不良事件监测信息网络建设。

医疗器械不良事件监测技术机构应当加强医疗器械不良事件信息监测，主动收集不良事件信息；发现不良事件或者接到不良事件报告的，应当及时进行核实，必要时进行调查、分析、评估，向负责药品监督管理的部门和卫生主管部门报告并提出处理建议。

医疗器械不良事件监测技术机构应当公布联系方式，方便医疗器械注册人、备案人、生产经营企业、使用单位等报告医疗器械不良事件。

**第六十四条** 负责药品监督管理的部门应当根据医疗器械不良事件评估结果及时采取发布警示信息以及责令暂停生产、进口、经营和使用等控制措施。

省级以上人民政府药品监督管理部门应当会同同级卫生主管部门和相关部门组织对引起突发、群发的严重伤害或者死亡的医疗器械不良事件及时进行调查和处理，并组织对同类医疗器械加强监测。

负责药品监督管理的部门应当及时向同级卫生主管部门通报医疗器械使用单位的不良事件监测有关情况。

**第六十五条** 医疗器械注册人、备案人、生产经营企业、使用单位应当对医疗器械不良事件监测技术机构、负责药品监督管理的部门、卫生主管部门开展的医疗器械不良事件调查予以配合。

**第六十六条** 有下列情形之一的，医疗器械注册人、备案人应当主动开展已上市医疗器械再评价：

（一）根据科学研究的发展，对医疗器械的安全、有效有认识上的改变；

（二）医疗器械不良事件监测、评估结果表明医疗器械可能存在缺陷；

（三）国务院药品监督管理部门规定的其他情形。

医疗器械注册人、备案人应当根据再评价结果，采取相应控制措施，对已上市医疗器械进行改进，并按照规定进行注册变更或者备案变更。再评价结果表明已上市医疗器械不能保证安全、有效的，医疗器械注册人、备案人应当主动申请注销医疗器械注册证或者取消备案；医疗器械注册人、备案人未申请注销医疗器械注册证或者取消备案的，由负责药品监督管理的部门注销医疗器械注册证或者取消备案。

省级以上人民政府药品监督管理部门根据医疗器械不良事件监测、评估等情况，对已上市医疗器械开展再评价。再评价结果表明已上市医疗器械不能保证安全、有效的，应当注销医疗器械注册证或者取消备案。

负责药品监督管理的部门应当向社会及时公布注销医疗器械注册证和取消备案情况。被注销医疗器械注册证或者取消备案的医疗器械不得继续生产、进口、经营、使用。

**第六十七条** 医疗器械注册人、备案人发现生产的医疗器械不符合强制性标准、经注册或者备案的产品技术要求，或者存在其他缺陷的，应当立即停止生产，通知相关经营企业、使用单位和消费者停止经营和使用，召回已经上市销售的医疗器械，采取补救、销毁等措施，记录相关情况，发布相关信息，并将医疗器械召回和处理情况向负责药品监督管理的部门和卫生主管部门报告。

医疗器械受托生产企业、经营企业发现生产、经营的医疗器械存在前款规定情形的，应当立即停止生产、经营，通知医疗器械注册人、备案人，并记录停止生产、经营和通知情况。医疗器械注册人、备案人认为属于依照前款规定需要召回的医疗器械，应当立即召回。

医疗器械注册人、备案人、受托生产企业、经营企业未依照本条规定实施召回或者停止生产、经营的，负责药品监督管理的部门可以责令其召回或者停止生产、经营。

## 第六章 监督检查

**第六十八条** 国家建立职业化专业化检查员制度，加强对医疗器械的监督检查。

**第六十九条** 负责药品监督管理的部门应当对医疗器械的研制、生产、经营活动以及使用环节的医疗器械质量加强监督检查，并对下列事项进行重点监督检查：

（一）是否按照经注册或者备案的产品技术要求组织生产；

（二）质量管理体系是否保持有效运行；

（三）生产经营条件是否持续符合法定要求。

必要时，负责药品监督管理的部门可以对为医疗器械研制、生产、经营、使用等活动提供产品或者服务的其他相关单位和个人进行延伸检查。

**第七十条** 负责药品监督管理的部门在监督检查中有下列职权：

（一）进入现场实施检查、抽取样品；

（二）查阅、复制、查封、扣押有关合同、票据、账簿以及其他有关资料；

（三）查封、扣押不符合法定要求的医疗器械，违法使用的零配件、原材料以及用于违法生产经营医疗器械的工具、设备；

（四）查封违反本条例规定从事医疗器械生产经营活动的场所。

进行监督检查，应当出示执法证件，保守被检查单位的商业秘密。

有关单位和个人应当对监督检查予以配合，提供相关文件和资料，不得隐瞒、拒绝、阻挠。

**第七十一条** 卫生主管部门应当对医疗机构的医疗器械使用行为加强监督检查。实施监督检查时，可以进入医疗机构，查阅、复制有关档案、记录以及其他有关资料。

**第七十二条** 医疗器械生产经营过程中存在产品质量安全隐患，未及时采取措施消除的，负责药品监督管理的部门可以采取告诫、责任约谈、责令限期整改等措施。

对人体造成伤害或者有证据证明可能危害人体健康的医疗器械，负责药品监督管理的部门可以采取责令暂停生产、进口、经营、使用的紧急控制措施，并发布安全警示信息。

**第七十三条** 负责药品监督管理的部门应当加强对医疗器械注册人、备案人、生产经营企业和使用单位生产、经营、使用的医疗器械的抽查检验。抽查检验不得收取检验费和其他任何费用，所需费用纳入本级政府预算。省级以上人民政府药品监督管理部门应当根据抽查检验结论及时发布医疗器械质量公告。

卫生主管部门应当对大型医用设备的使用状况进行监督和评估；发现违规使用以及与大型医用设备相关的过度检查、过度治疗等情形的，应当立即纠正，依法予以处理。

**第七十四条** 负责药品监督管理的部门未及时发现医疗器械安全系统

性风险，未及时消除监督管理区域内医疗器械安全隐患的，本级人民政府或者上级人民政府负责药品监督管理的部门应当对其主要负责人进行约谈。

地方人民政府未履行医疗器械安全职责，未及时消除区域性重大医疗器械安全隐患的，上级人民政府或者上级人民政府负责药品监督管理的部门应当对其主要负责人进行约谈。

被约谈的部门和地方人民政府应当立即采取措施，对医疗器械监督管理工作进行整改。

第七十五条　医疗器械检验机构资质认定工作按照国家有关规定实行统一管理。经国务院认证认可监督管理部门会同国务院药品监督管理部门认定的检验机构，方可对医疗器械实施检验。

负责药品监督管理的部门在执法工作中需要对医疗器械进行检验的，应当委托有资质的医疗器械检验机构进行，并支付相关费用。

当事人对检验结论有异议的，可以自收到检验结论之日起7个工作日内向实施抽样检验的部门或者其上一级负责药品监督管理的部门提出复检申请，由受理复检申请的部门在复检机构名录中随机确定复检机构进行复检。承担复检工作的医疗器械检验机构应当在国务院药品监督管理部门规定的时间内作出复检结论。复检结论为最终检验结论。复检机构与初检机构不得为同一机构；相关检验项目只有一家有资质的检验机构的，复检时应当变更承办部门或者人员。复检机构名录由国务院药品监督管理部门公布。

第七十六条　对可能存在有害物质或者擅自改变医疗器械设计、原材料和生产工艺并存在安全隐患的医疗器械，按照医疗器械国家标准、行业标准规定的检验项目和检验方法无法检验的，医疗器械检验机构可以使用国务院药品监督管理部门批准的补充检验项目和检验方法进行检验；使用补充检验项目、检验方法得出的检验结论，可以作为负责药品监督管理的部门认定医疗器械质量的依据。

第七十七条　市场监督管理部门应当依照有关广告管理的法律、行政法规的规定，对医疗器械广告进行监督检查，查处违法行为。

第七十八条　负责药品监督管理的部门应当通过国务院药品监督管

部门在线政务服务平台依法及时公布医疗器械许可、备案、抽查检验、违法行为查处等日常监督管理信息。但是，不得泄露当事人的商业秘密。

负责药品监督管理的部门建立医疗器械注册人、备案人、生产经营企业、使用单位信用档案，对有不良信用记录的增加监督检查频次，依法加强失信惩戒。

第七十九条 负责药品监督管理的部门等部门应当公布本单位的联系方式，接受咨询、投诉、举报。负责药品监督管理的部门等部门接到与医疗器械监督管理有关的咨询，应当及时答复；接到投诉、举报，应当及时核实、处理、答复。对咨询、投诉、举报情况及其答复、核实、处理情况，应当予以记录、保存。

有关医疗器械研制、生产、经营、使用行为的举报经调查属实的，负责药品监督管理的部门等部门对举报人应当给予奖励。有关部门应当为举报人保密。

第八十条 国务院药品监督管理部门制定、调整、修改本条例规定的目录以及与医疗器械监督管理有关的规范，应当公开征求意见；采取听证会、论证会等形式，听取专家、医疗器械注册人、备案人、生产经营企业、使用单位、消费者、行业协会以及相关组织等方面的意见。

## 第七章 法律责任

第八十一条 有下列情形之一的，由负责药品监督管理的部门没收违法所得、违法生产经营的医疗器械和用于违法生产经营的工具、设备、原材料等物品；违法生产经营的医疗器械货值金额不足1万元的，并处5万元以上15万元以下罚款；货值金额1万元以上的，并处货值金额15倍以上30倍以下罚款；情节严重的，责令停产停业，10年内不受理相关责任人以及单位提出的医疗器械许可申请，对违法单位的法定代表人、主要负责人、直接负责的主管人员和其他责任人员，没收违法行为发生期间自本单位所获收入，并处所获收入30%以上3倍以下罚款，终身禁止其从事医疗器械生产经营活动：

（一）生产、经营未取得医疗器械注册证的第二类、第三类医疗器械；

（二）未经许可从事第二类、第三类医疗器械生产活动；

(三) 未经许可从事第三类医疗器械经营活动。

有前款第一项情形、情节严重的，由原发证部门吊销医疗器械生产许可证或者医疗器械经营许可证。

**第八十二条** 未经许可擅自配置使用大型医用设备的，由县级以上人民政府卫生主管部门责令停止使用，给予警告，没收违法所得；违法所得不足1万元的，并处5万元以上10万元以下罚款；违法所得1万元以上的，并处违法所得10倍以上30倍以下罚款；情节严重的，5年内不受理相关责任人以及单位提出的大型医用设备配置许可申请，对违法单位的法定代表人、主要负责人、直接负责的主管人员和其他责任人员，没收违法行为发生期间自本单位所获收入，并处所获收入30%以上3倍以下罚款，依法给予处分。

**第八十三条** 在申请医疗器械行政许可时提供虚假资料或者采取其他欺骗手段的，不予行政许可，已经取得行政许可的，由作出行政许可决定的部门撤销行政许可，没收违法所得、违法生产经营使用的医疗器械，10年内不受理相关责任人以及单位提出的医疗器械许可申请；违法生产经营使用的医疗器械货值金额不足1万元的，并处5万元以上15万元以下罚款；货值金额1万元以上的，并处货值金额15倍以上30倍以下罚款；情节严重的，责令停产停业，对违法单位的法定代表人、主要负责人、直接负责的主管人员和其他责任人员，没收违法行为发生期间自本单位所获收入，并处所获收入30%以上3倍以下罚款，终身禁止其从事医疗器械生产经营活动。

伪造、变造、买卖、出租、出借相关医疗器械许可证件的，由原发证部门予以收缴或者吊销，没收违法所得；违法所得不足1万元的，并处5万元以上10万元以下罚款；违法所得1万元以上的，并处违法所得10倍以上20倍以下罚款；构成违反治安管理行为的，由公安机关依法予以治安管理处罚。

**第八十四条** 有下列情形之一的，由负责药品监督管理的部门向社会公告单位和产品名称，责令限期改正；逾期不改正的，没收违法所得、违法生产经营的医疗器械；违法生产经营的医疗器械货值金额不足1万元的，并处1万元以上5万元以下罚款；货值金额1万元以上的，并处货值金额

5倍以上20倍以下罚款；情节严重的，对违法单位的法定代表人、主要负责人、直接负责的主管人员和其他责任人员，没收违法行为发生期间自本单位所获收入，并处所获收入30%以上2倍以下罚款，5年内禁止其从事医疗器械生产经营活动：

（一）生产、经营未经备案的第一类医疗器械；

（二）未经备案从事第一类医疗器械生产；

（三）经营第二类医疗器械，应当备案但未备案；

（四）已经备案的资料不符合要求。

**第八十五条** 备案时提供虚假资料的，由负责药品监督管理的部门向社会公告备案单位和产品名称，没收违法所得、违法生产经营的医疗器械；违法生产经营的医疗器械货值金额不足1万元的，并处2万元以上5万元以下罚款；货值金额1万元以上的，并处货值金额5倍以上20倍以下罚款；情节严重的，责令停产停业，对违法单位的法定代表人、主要负责人、直接负责的主管人员和其他责任人员，没收违法行为发生期间自本单位所获收入，并处所获收入30%以上3倍以下罚款，10年内禁止其从事医疗器械生产经营活动。

**第八十六条** 有下列情形之一的，由负责药品监督管理的部门责令改正，没收违法生产经营使用的医疗器械；违法生产经营使用的医疗器械货值金额不足1万元的，并处2万元以上5万元以下罚款；货值金额1万元以上的，并处货值金额5倍以上20倍以下罚款；情节严重的，责令停产停业，直至由原发证部门吊销医疗器械注册证、医疗器械生产许可证、医疗器械经营许可证，对违法单位的法定代表人、主要负责人、直接负责的主管人员和其他责任人员，没收违法行为发生期间自本单位所获收入，并处所获收入30%以上3倍以下罚款，10年内禁止其从事医疗器械生产经营活动：

（一）生产、经营、使用不符合强制性标准或者不符合经注册或者备案的产品技术要求的医疗器械；

（二）未按照经注册或者备案的产品技术要求组织生产，或者未依照本条例规定建立质量管理体系并保持有效运行，影响产品安全、有效；

（三）经营、使用无合格证明文件、过期、失效、淘汰的医疗器械，或者使用未依法注册的医疗器械；

（四）在负责药品监督管理的部门责令召回后仍拒不召回，或者在负责药品监督管理的部门责令停止或者暂停生产、进口、经营后，仍拒不停止生产、进口、经营医疗器械；

（五）委托不具备本条例规定条件的企业生产医疗器械，或者未对受托生产企业的生产行为进行管理；

（六）进口过期、失效、淘汰等已使用过的医疗器械。

第八十七条　医疗器械经营企业、使用单位履行了本条例规定的进货查验等义务，有充分证据证明其不知道所经营、使用的医疗器械为本条例第八十一条第一款第一项、第八十四条第一项、第八十六条第一项和第三项规定情形的医疗器械，并能如实说明其进货来源的，收缴其经营、使用的不符合法定要求的医疗器械，可以免除行政处罚。

第八十八条　有下列情形之一的，由负责药品监督管理的部门责令改正，处 1 万元以上 5 万元以下罚款；拒不改正的，处 5 万元以上 10 万元以下罚款；情节严重的，责令停产停业，直至由原发证部门吊销医疗器械生产许可证、医疗器械经营许可证，对违法单位的法定代表人、主要负责人、直接负责的主管人员和其他责任人员，没收违法行为发生期间自本单位所获收入，并处所获收入 30% 以上 2 倍以下罚款，5 年内禁止其从事医疗器械生产经营活动：

（一）生产条件发生变化、不再符合医疗器械质量管理体系要求，未依照本条例规定整改、停止生产、报告；

（二）生产、经营说明书、标签不符合本条例规定的医疗器械；

（三）未按照医疗器械说明书和标签标示要求运输、贮存医疗器械；

（四）转让过期、失效、淘汰或者检验不合格的在用医疗器械。

第八十九条　有下列情形之一的，由负责药品监督管理的部门和卫生主管部门依据各自职责责令改正，给予警告；拒不改正的，处 1 万元以上 10 万元以下罚款；情节严重的，责令停产停业，直至由原发证部门吊销医疗器械注册证、医疗器械生产许可证、医疗器械经营许可证，对违法单位的法定代表人、主要负责人、直接负责的主管人员和其他责任人员处 1 万元以上 3 万元以下罚款：

（一）未按照要求提交质量管理体系自查报告；

（二）从不具备合法资质的供货者购进医疗器械；

（三）医疗器械经营企业、使用单位未依照本条例规定建立并执行医疗器械进货查验记录制度；

（四）从事第二类、第三类医疗器械批发业务以及第三类医疗器械零售业务的经营企业未依照本条例规定建立并执行销售记录制度；

（五）医疗器械注册人、备案人、生产经营企业、使用单位未依照本条例规定开展医疗器械不良事件监测，未按照要求报告不良事件，或者对医疗器械不良事件监测技术机构、负责药品监督管理的部门、卫生主管部门开展的不良事件调查不予配合；

（六）医疗器械注册人、备案人未按照规定制定上市后研究和风险管控计划并保证有效实施；

（七）医疗器械注册人、备案人未按照规定建立并执行产品追溯制度；

（八）医疗器械注册人、备案人、经营企业从事医疗器械网络销售未按照规定告知负责药品监督管理的部门；

（九）对需要定期检查、检验、校准、保养、维护的医疗器械，医疗器械使用单位未按照产品说明书要求进行检查、检验、校准、保养、维护并予以记录，及时进行分析、评估，确保医疗器械处于良好状态；

（十）医疗器械使用单位未妥善保存购入第三类医疗器械的原始资料。

第九十条　有下列情形之一的，由县级以上人民政府卫生主管部门责令改正，给予警告；拒不改正的，处5万元以上10万元以下罚款；情节严重的，处10万元以上30万元以下罚款，责令暂停相关医疗器械使用活动，直至由原发证部门吊销执业许可证，依法责令相关责任人员暂停6个月以上1年以下执业活动，直至由原发证部门吊销相关人员执业证书，对违法单位的法定代表人、主要负责人、直接负责的主管人员和其他责任人员，没收违法行为发生期间自本单位所获收入，并处所获收入30%以上3倍以下罚款，依法给予处分：

（一）对重复使用的医疗器械，医疗器械使用单位未按照消毒和管理的规定进行处理；

（二）医疗器械使用单位重复使用一次性使用的医疗器械，或者未按照规定销毁使用过的一次性使用的医疗器械；

（三）医疗器械使用单位未按照规定将大型医疗器械以及植入和介入类医疗器械的信息记载到病历等相关记录中；

（四）医疗器械使用单位发现使用的医疗器械存在安全隐患未立即停止使用、通知检修，或者继续使用经检修仍不能达到使用安全标准的医疗器械；

（五）医疗器械使用单位违规使用大型医用设备，不能保障医疗质量安全。

**第九十一条** 违反进出口商品检验相关法律、行政法规进口医疗器械的，由出入境检验检疫机构依法处理。

**第九十二条** 为医疗器械网络交易提供服务的电子商务平台经营者违反本条例规定，未履行对入网医疗器械经营者进行实名登记，审查许可、注册、备案情况，制止并报告违法行为，停止提供网络交易平台服务等管理义务的，由负责药品监督管理的部门依照《中华人民共和国电子商务法》的规定给予处罚。

**第九十三条** 未进行医疗器械临床试验机构备案开展临床试验的，由负责药品监督管理的部门责令停止临床试验并改正；拒不改正的，该临床试验数据不得用于产品注册、备案，处 5 万元以上 10 万元以下罚款，并向社会公告；造成严重后果的，5 年内禁止其开展相关专业医疗器械临床试验，并处 10 万元以上 30 万元以下罚款，由卫生主管部门对违法单位的法定代表人、主要负责人、直接负责的主管人员和其他责任人员，没收违法行为发生期间自本单位所获收入，并处所获收入 30% 以上 3 倍以下罚款，依法给予处分。

临床试验申办者开展临床试验未经备案的，由负责药品监督管理的部门责令停止临床试验，对临床试验申办者处 5 万元以上 10 万元以下罚款，并向社会公告；造成严重后果的，处 10 万元以上 30 万元以下罚款。该临床试验数据不得用于产品注册、备案，5 年内不受理相关责任人以及单位提出的医疗器械注册申请。

临床试验申办者未经批准开展对人体具有较高风险的第三类医疗器械临床试验的，由负责药品监督管理的部门责令立即停止临床试验，对临床试验申办者处 10 万元以上 30 万元以下罚款，并向社会公告；造成严重后果的，处 30 万元以上 100 万元以下罚款。该临床试验数据不得用于产品注册，10 年内不受理相关责任人以及单位提出的医疗器械临床试验和注册申请，对违法单位的法定代表人、主要负责人、直接负责的主管人员和其他责任人员，没收违法行为发生期间自本单位所获收入，并处所获收入 30% 以上 3 倍以下罚款。

**第九十四条** 医疗器械临床试验机构开展医疗器械临床试验未遵守临床试验质量管理规范的，由负责药品监督管理的部门责令改正或者立即停止临床试验，处 5 万元以上 10 万元以下罚款；造成严重后果的，5 年内禁止其开展相关专业医疗器械临床试验，由卫生主管部门对违法单位的法定代表人、主要负责人、直接负责的主管人员和其他责任人员，没收违法行为发生期间自本单位所获收入，并处所获收入 30% 以上 3 倍以下罚款，依法给予处分。

**第九十五条** 医疗器械临床试验机构出具虚假报告的，由负责药品监督管理的部门处 10 万元以上 30 万元以下罚款；有违法所得的，没收违法所得；10 年内禁止其开展相关专业医疗器械临床试验；由卫生主管部门对违法单位的法定代表人、主要负责人、直接负责的主管人员和其他责任人员，没收违法行为发生期间自本单位所获收入，并处所获收入 30% 以上 3 倍以下罚款，依法给予处分。

**第九十六条** 医疗器械检验机构出具虚假检验报告的，由授予其资质的主管部门撤销检验资质，10 年内不受理相关责任人以及单位提出的资质认定申请，并处 10 万元以上 30 万元以下罚款；有违法所得的，没收违法所得；对违法单位的法定代表人、主要负责人、直接负责的主管人员和其他责任人员，没收违法行为发生期间自本单位所获收入，并处所获收入 30% 以上 3 倍以下罚款，依法给予处分；受到开除处分的，10 年内禁止其从事医疗器械检验工作。

**第九十七条** 违反本条例有关医疗器械广告管理规定的，依照《中华人民共和国广告法》的规定给予处罚。

**第九十八条** 境外医疗器械注册人、备案人指定的我国境内企业法人未依照本条例规定履行相关义务的，由省、自治区、直辖市人民政府药品监督管理部门责令改正，给予警告，并处 5 万元以上 10 万元以下罚款；情节严重的，处 10 万元以上 50 万元以下罚款，5 年内禁止其法定代表人、主要负责人、直接负责的主管人员和其他责任人员从事医疗器械生产经营活动。

境外医疗器械注册人、备案人拒不履行依据本条例作出的行政处罚决定的，10 年内禁止其医疗器械进口。

**第九十九条** 医疗器械研制、生产、经营单位和检验机构违反本条例规定使用禁止从事医疗器械生产经营活动、检验工作的人员的，由负责药品监督管理的部门责令改正，给予警告；拒不改正的，责令停产停业直至吊销许可证件。

**第一百条** 医疗器械技术审评机构、医疗器械不良事件监测技术机构未依照本条例规定履行职责，致使审评、监测工作出现重大失误的，由负责药品监督管理的部门责令改正，通报批评，给予警告；造成严重后果的，对违法单位的法定代表人、主要负责人、直接负责的主管人员和其他责任人员，依法给予处分。

**第一百零一条** 负责药品监督管理的部门或者其他有关部门工作人员违反本条例规定，滥用职权、玩忽职守、徇私舞弊的，依法给予处分。

**第一百零二条** 违反本条例规定，构成犯罪的，依法追究刑事责任；造成人身、财产或者其他损害的，依法承担赔偿责任。

## 第八章 附 则

**第一百零三条** 本条例下列用语的含义：

医疗器械，是指直接或者间接用于人体的仪器、设备、器具、体外诊断试剂及校准物、材料以及其他类似或者相关的物品，包括所需要的计算机软件；其效用主要通过物理等方式获得，不是通过药理学、免疫学或者代谢的方式获得，或者虽然有这些方式参与但是只起辅助作用；其目的是：

（一）疾病的诊断、预防、监护、治疗或者缓解；

（二）损伤的诊断、监护、治疗、缓解或者功能补偿；

（三）生理结构或者生理过程的检验、替代、调节或者支持；

（四）生命的支持或者维持；

（五）妊娠控制；

（六）通过对来自人体的样本进行检查，为医疗或者诊断目的提供信息。

医疗器械注册人、备案人，是指取得医疗器械注册证或者办理医疗器械备案的企业或者研制机构。

医疗器械使用单位，是指使用医疗器械为他人提供医疗等技术服务的机构，包括医疗机构、计划生育技术服务机构、血站、单采血浆站、康复辅助器具适配机构等。

大型医用设备，是指使用技术复杂、资金投入量大、运行成本高、对医疗费用影响大且纳入目录管理的大型医疗器械。

**第一百零四条** 医疗器械产品注册可以收取费用。具体收费项目、标准分别由国务院财政、价格主管部门按照国家有关规定制定。

**第一百零五条** 医疗卫生机构为应对突发公共卫生事件而研制的医疗器械的管理办法，由国务院药品监督管理部门会同国务院卫生主管部门制定。

从事非营利的避孕医疗器械的存储、调拨和供应，应当遵守国务院卫生主管部门会同国务院药品监督管理部门制定的管理办法。

中医医疗器械的技术指导原则，由国务院药品监督管理部门会同国务院中医药管理部门制定。

**第一百零六条** 军队医疗器械使用的监督管理，依照本条例和军队有关规定执行。

**第一百零七条** 本条例自 2021 年 6 月 1 日起施行。

# 治理高值医用耗材改革方案

(国办发〔2019〕37号)

高值医用耗材是指直接作用于人体、对安全性有严格要求、临床使用量大、价格相对较高、群众费用负担重的医用耗材。近年来，我国高值医用耗材行业得到较快发展，水平不断提升，技术明显进步，在满足人民群众健康需求、促进健康产业发展等方面发挥了积极作用，但同时也出现了价格虚高、过度使用等群众反映强烈、社会关注度高的突出问题。为全面深入治理高值医用耗材，规范医疗服务行为，控制医疗费用不合理增长，维护人民群众健康权益，按照党中央、国务院决策部署，现就治理高值医用耗材制定如下改革方案。

## 一、总体要求

以习近平新时代中国特色社会主义思想为指导，全面贯彻党的十九大和十九届二中、三中全会精神，牢固树立以人民为中心的思想，通过优化制度、完善政策、创新方式，理顺高值医用耗材价格体系，完善高值医用耗材全流程监督管理，净化高值医用耗材市场环境和医疗服务执业环境，支持具有自主知识产权的国产高值医用耗材提升核心竞争力，推动形成高值医用耗材质量可靠、流通快捷、价格合理、使用规范的治理格局，促进行业健康有序发展、人民群众医疗费用负担进一步减轻。

## 二、完善价格形成机制，降低高值医用耗材虚高价格

（一）统一编码体系和信息平台。加强高值医用耗材规范化管理，明确治理范围，将单价和资源消耗占比相对较高的高值医用耗材作为重点治理对象。制定医疗器械唯一标识系统规则。逐步统一全国医保高值医用耗材分类与编码，探索实施高值医用耗材注册、采购、使用等环节规范编码的衔接应用。建立高值医用耗材价格监测和集中采购管理平台，加强统计分析，做好与医保支付审核平台的互联互通。建立部门间高值医用耗材价格信息共享和联动机制，强化购销价格信息监测。

（二）实行医保准入和目录动态调整。建立高值医用耗材基本医保准入制度，实行高值医用耗材目录管理，健全目录动态调整机制，及时增补必要的新技术产品，退出不再适合临床使用的产品。逐步实施高值医用耗材医保准入价格谈判，实现"以量换价"。建立高值医用耗材产品企业报告制度，企业对拟纳入医保的产品需按规定要求提交相关价格、市场销量、卫生经济学评估、不良事件监测等报告，作为医保准入评审的必要依据。建立高值医用耗材医保评估管理体系和标准体系。

（三）完善分类集中采购办法。按照带量采购、量价挂钩、促进市场竞争等原则探索高值医用耗材分类集中采购。所有公立医疗机构采购高值医用耗材须在采购平台上公开交易、阳光采购。对于临床用量较大、采购金额较高、临床使用较成熟、多家企业生产的高值医用耗材，按类别探索集中采购，鼓励医疗机构联合开展带量谈判采购，积极探索跨省联盟采购。对已通过医保准入并明确医保支付标准、价格相对稳定的高值医用耗材，实行直接挂网采购。加强对医疗机构高值医用耗材实际采购量的监管。

（四）取消医用耗材加成。取消公立医疗机构医用耗材加成，2019年底前实现全部公立医疗机构医用耗材"零差率"销售，高值医用耗材销售价格按采购价格执行。公立医疗机构因取消医用耗材加成而减少的合理收入，主要通过调整医疗服务价格、财政适当补助、做好同医保支付衔接等方式妥善解决。公立医疗机构要通过分类集中采购、加强成本核算、规范合理使用等方式降低成本，实现良性平稳运行。

（五）制定医保支付政策。结合医保基金支付能力、患者承受能力、分类集中采购情况、高值医用耗材实际市场交易价格等因素，充分考虑公立医疗机构正常运行，研究制定医保支付政策；科学制定高值医用耗材医保支付标准，并建立动态调整机制。已通过医保准入谈判的，按谈判价格确定医保支付标准。对类别相同、功能相近的高值医用耗材，探索制定统一的医保支付标准。医保基金和患者按医保支付标准分别支付高值医用耗材费用，引导医疗机构主动降低采购价格。

**三、规范医疗服务行为，严控高值医用耗材不合理使用**

（六）严格医疗卫生行业管理责任落实。完善重点科室、重点病种的临床诊疗规范和指南，严格临床路径管理，提高临床诊疗规范化水平。加强涉及高值医用耗材的手术管理,规范临床技术指导行为。使用单位将高值医用耗材规范使用纳入医务人员规范化培训和继续教育内容,严格按产品说明书、技术操作规范等要求使用。探索推进医疗机构相关从业人员职业体系和专业化队伍建设。完善高值医用耗材临床应用管理,并将其纳入公立医疗机构绩效考核评价体系。加大医疗质量抽查力度,开展重点领域专项治理行动,从严查处各级各类医疗机构高值医用耗材临床使用违规行为,建立完善相关信用评价体系。

(七)完善医疗机构自我管理。建立高值医用耗材院内准入遴选机制,严禁科室自行采购。明确高值医用耗材管理科室,岗位责任落实到人。完善高值医用耗材使用院内点评机制和异常使用预警机制,开展对医务人员单一品牌高值医用耗材使用、单台手术高值医用耗材用量情况监测分析,对出现异常使用情况的要及时约谈相关医务人员,监测分析结果与其绩效考核挂钩。

(八)加强医保定点医疗机构服务行为管理。将高值医用耗材使用情况纳入定点医疗机构医保服务协议内容,加强对医保医生管理,对违反医保服务协议的,通过约谈、警示、通报批评、责令限期整改以及暂停或解除协议等方式进行处理。完善医保智能审核信息系统建设,加强高值医用耗材大数据分析,对高值医用耗材使用频次高和费用大的医疗机构和医务人员进行重点监控、重点稽核、定期通报并向社会公开。建立定点医疗机构、医务人员"黑名单"制度,完善医保定点医疗机构信用评价体系。

## 四、健全监督管理机制,严肃查处违法违规行为

(九)完善质量管理。严格规范高值医用耗材上市前注册审批流程,加强新产品医保管理与注册审批的有效衔接。提高医疗器械注册技术要求,推动高值医用耗材标准逐步与国际接轨。及时公开相关审批信息,强化社会监督。建立产品信息追溯体系和生产企业产品质量终身负责制。加强高值医用耗材全生命周期质量管理,完善研发、审批、规范应用政策。鼓励高值医用耗材创新发展,支持医用耗材研发生产,加快高新技术型高值医用耗材注册审批,推进市场公平竞争。加大对生产企业的抽检、飞行检查、生产环节检查力度。建立医疗机构医用耗材残次率报告系统,按照《医疗器械不良事件监测和再评价管理办法》开展医疗器械不良事件监测和再评价工作。

（十）强化流通管理。提升高值医用耗材流通领域规模化、专业化、信息化水平。公立医疗机构要建立高值医用耗材配送遴选机制，促进市场合理竞争。规范购销合同管理，医疗机构要严格依据合同完成回款。鼓励各地结合实际通过"两票制"等方式减少高值医用耗材流通环节，推动购销行为公开透明。将高值医用耗材相关企业及其从业人员诚信经营和执业情况纳入信用管理体系，加强对失信行为的记录、公示和预警，强化履约管理。

（十一）加强公立医疗机构党风廉政建设。充分发挥公立医疗机构党组织的领导作用，严格落实"一岗双责"，切实加强党风廉政建设和反腐败工作。公立医疗机构党组织要将预防和惩治高值医用耗材管理使用中的腐败问题作为全面从严治党的重要内容，承担主体责任，建立健全对高风险科室、岗位及人员严格监督管理的工作制度。公立医疗机构纪检监察机构履行监督执纪问责职责，加强对党员干部和医务人员严格遵守党纪国法情况的监督检查，严肃查处高值医用耗材领域不正之风和腐败问题。

（十二）部门联动加大违纪违法行为查处力度。建立多部门联合惩戒机制，严厉打击商业贿赂、垄断和不正当竞争、伪造和虚开发票、企业变相捐赠等行为。各级纪检监察机关加大审查调查工作力度，严肃查处高值医用耗材领域涉嫌贪污贿赂、失职渎职等违纪违法行为。坚持受贿行贿一起查，需要追究刑事责任和应由司法机关管辖的案件，依法移送司法机关。要加大涉及高值医用耗材典型案例的通报力度，形成震慑。

**五、完善配套政策，促进行业健康发展**

（十三）加大财政投入力度。明确政府办医主体责任，落实政府对符合区域卫生规划的公立医疗机构基本建设、设备购置、学科建设、人才培养、突发公共卫生事件处置的经费保障，以及对符合国家规定的离退休人员费用及政策性亏损补贴等的投入政策，确保公立医疗机构良性运行。

（十四）合理调整医疗服务价格。按照总量控制、结构调整、有升有降、逐步到位的原则，以及腾空间、调结构、保衔接的路径，合理调整医疗服务价格，重点提高体现技术劳务价值的医疗服务价格，做好医保与价格政策的衔接配合。建立医疗服务价格动态调整机制，逐步理顺比价关系，促进提高医疗服务收入在医疗总收入中的比例，为理顺高值医用耗材价格创造有利条件。

（十五）深化医保支付方式改革。加快推进按病种付费、按疾病诊断相关分组付费（DRGs）等支付方式改革，建立"结余留用、合理超支分担"的激励和风险分担机制，促进医疗机构将高值医用耗材使用内化为运行成本，主动控制高值医用耗材使用。坚持控制医疗费用与规范医疗服务质量并重，结合临床路径管理，合理制订按病种付费方案，扩大按病种付费的覆盖范围。

（十六）加快建立符合行业特点的薪酬制度。落实"允许医疗卫生机构突破现行事业单位工资调控水平，允许医疗服务收入扣除成本并按规定提取各项基金后主要用于人员奖励"的要求，完善薪酬分配政策，调动医务人员参与治理高值医用耗材改革的积极性。

## 六、坚持三医联动，强化组织实施

（十七）提高认识，加强领导。治理高值医用耗材是深化医药卫生体制改革的一项重点任务，涉及面广，社会各界广泛关注，各地各有关部门要充分认识这项工作的重要意义，切实加强领导，落实责任，坚持问题导向，分类施策，疏堵并举，确保改革平稳有序推进。

（十八）明确责任，分工协同。各地各有关部门要切实增强改革定力，明确责任分工，密切协同配合，确保治理高值医用耗材各项改革措施落地生效。鼓励地方结合实际，重点围绕分类集中采购、强化流通管理、规范公立医疗机构服务等方面，探索有效做法和模式，及时总结推广。

（十九）加强宣传，合理引导。各地各有关部门要及时准确解读政策，加强宣传引导，及时回应社会关切，合理引导社会预期，努力营造改革的良好氛围。

附件：重点任务分工

附件：

## 重点任务分工

| 重点任务 | 负责单位 | 完成时限 |
|---|---|---|
| 完善价格形成机制，降低高值医用耗材虚高价格 | | |
| 加强高值医用耗材规范化管理，明确治理范围，将单价和资源消耗占比相对较高的高值医用耗材作为重点治理对象 | 国家卫生健康委、国家医保局（排在第一位的部门为牵头部门，下同） | 2019年底前完成第一批重点治理清单 |
| 制定医疗器械唯一标识系统规则 | 国家药监局、国家卫生健康委、国家医保局 | 2020年底前 |
| 逐步统一全国医保高值医用耗材分类与编码，探索实施高值医用耗材注册、采购、使用等环节规范编码衔接应用 | 国家医保局、国家药监局、国家卫生健康委 | 2020年底前 |
| 建立高值医用耗材价格监测和集中采购管理平台，加强统计分析，做好与医保支付审核平台的互联互通。建立部门间高值医用耗材价格信息共享和联动机制，强化购销价格信息监测 | 国家医保局、海关总署、国家药监局 | 2020年底前启动，持续推进 |
| 建立高值医用耗材基本医保准入制度，实行高值医用耗材目录管理，健全目录动态调整机制 | 国家医保局、财政部 | 2020年6月底前出台准入管理办法 |
| 完善分类集中采购办法。对于临床用量较大、采购金额较高、临床使用较成熟、多家企业生产的高值医用耗材，按类别探索集中采购，鼓励医疗机构联合开展带量谈判采购，积极探索跨省联盟采购 | 国家医保局 | 2019年下半年启动，持续完善集中采购办法 |
| 取消医用耗材加成 | 国家医保局、国家卫生健康委、财政部 | 2019年底前 |
| 制定医保支付政策 | 国家医保局、财政部、国家卫生健康委 | 持续推进 |
| 规范医疗服务行为，严控高值医用耗材不合理使用 | | |
| 严格医疗卫生行业管理责任落实。加强涉及高值医用耗材的手术管理，规范临床技术指导行为。完善高值医用耗材临床应用管理，并将其纳入公立医疗机构绩效考核评价体系 | 国家卫生健康委 | 2019年底前 |

续表

| 重点任务 | 负责单位 | 完成时限 |
|---|---|---|
| 完善医疗机构自我管理。建立高值医用耗材院内准入遴选机制。完善高值医用耗材使用院内点评机制和异常使用预警机制 | 国家卫生健康委 | 2019年底前 |
| 加强医保定点医疗机构服务行为管理 | 国家医保局 | 持续推进 |
| 健全监督管理机制，严肃查处违法违规行为 | | |
| 完善质量管理。严格规范高值医用耗材上市前注册审批流程，加强新产品医保管理与注册审批的有效衔接。建立产品信息追溯体系和生产企业产品质量终身负责制。建立医疗机构医用耗材残次率报告系统，按照《医疗器械不良事件监测和再评价管理办法》开展医疗器械不良事件监测和再评价工作 | 国家药监局、国家卫生健康委、国家发展改革委、国家医保局 | 2019年底前 |
| 强化流通管理。鼓励各地结合实际通过"两票制"等方式减少高值医用耗材流通环节，推动购销行为公开透明。将高值医用耗材相关企业及其从业人员诚信经营和执业情况纳入信用管理体系，加强对失信行为的记录、公示和预警，强化履约管理 | 国家卫生健康委、市场监管总局、国家发展改革委、工业和信息化部分别负责（分别负责为各部门按职责分别牵头，下同） | 2020年底前 |
| 加强公立医疗机构党风廉政建设 | 国家卫生健康委 | 持续推进 |
| 部门联动加大违纪违法行为查处力度。建立多部门联合惩戒机制，严厉打击商业贿赂、垄断和不正当竞争、伪造和虚开发票、企业变相捐赠等行为 | 国家卫生健康委、国家医保局、国家药监局、市场监管总局分别负责，中央纪委国家监委机关、最高人民法院、最高人民检察院参与 | 持续推进 |
| 完善配套政策，促进行业健康发展 | | |
| 加大财政投入力度 | 财政部、国家卫生健康委 | 持续推进 |
| 合理调整医疗服务价格 | 国家医保局、财政部、国家卫生健康委 | 持续推进 |
| 深化医保支付方式改革 | 国家医保局、国家卫生健康委、财政部 | 持续推进 |
| 加快建立符合行业特点的薪酬制度 | 人力资源社会保障部、国家卫生健康委、财政部 | 持续推进 |

# 医疗机构医用耗材管理办法（试行）

（国卫医发〔2019〕43号）

## 第一章 总 则

**第一条** 为加强医疗机构医用耗材管理，促进医用耗材合理使用，保障公众身体健康，根据《执业医师法》《医疗机构管理条例》《医疗器械监督管理条例》等有关法律法规规定，制定本办法。

**第二条** 本办法所称医用耗材，是指经药品监督管理部门批准的使用次数有限的消耗性医疗器械，包括一次性及可重复使用医用耗材。

本办法所称医用耗材管理，是指医疗机构以病人为中心，以医学科学为基础，对医用耗材的采购、储存、使用、追溯、监测、评价、监督等全过程进行有效组织实施与管理，以促进临床科学、合理使用医用耗材的专业技术服务和相关的医用耗材管理工作，是医疗管理工作的重要组成部分。

**第三条** 国家卫生健康委、国家中医药局负责全国医疗机构医用耗材管理工作的监督管理。

县级以上地方卫生健康行政部门、中医药主管部门负责本行政区域内医疗机构医用耗材管理工作的监督管理。

**第四条** 本办法适用于二级以上医院医用耗材管理，其他医疗机构可参照执行。其中，非公立医疗机构的医用耗材遴选、采购工作可参照本办法进行。

**第五条** 医疗机构应当指定具体部门作为医用耗材管理部门，负责医用耗材的遴选、采购、验收、存储、发放等日常管理工作；指定医务管理部门，负责医用耗材的临床使用、监测、评价等专业技术服务日常管理工作。

**第六条** 医疗机构从事医用耗材管理相关工作的人员，应当具备与管理工作相适应的专业学历、技术职称或者经过相关技术培训。

医疗机构直接接触医用耗材的人员，应当每年进行健康检查。传染病病人、病原携带者和疑似传染病病人，在治愈前或者在排除传染病嫌疑前，不得从事直接接触医用耗材的工作。

## 第二章 机构管理

**第七条** 二级以上医院应当设立医用耗材管理委员会；其他医疗机构应当成立医用耗材管理组织。村卫生室（所、站）、门诊部、诊所、医务室等其他医疗机构可不设医用耗材管理组织，由机构负责人指定人员负责医用耗材管理工作。

医用耗材管理委员会由具有高级技术职务任职资格的相关临床科室、药学、医学工程、护理、医技科室人员以及医院感染管理、医用耗材管理、医务管理、财务管理、医保管理、信息管理、纪检监察、审计等部门负责人组成。

医疗机构负责人任医用耗材管理委员会主任委员，医用耗材管理部门和医务管理部门负责人任医用耗材管理委员会副主任委员。

**第八条** 医用耗材管理委员会的日常工作由指定的医用耗材管理部门和医务管理部门分工负责。

**第九条** 医用耗材管理委员会的主要职责：

（一）贯彻执行医疗卫生及医用耗材管理等有关法律、法规、规章，审核制定本机构医用耗材管理工作规章制度，并监督实施；

（二）建立医用耗材遴选制度，审核本机构科室或部门提出的新购入医用耗材、调整医用耗材品种或者供应企业等申请，制订本机构的医用耗材供应目录（以下简称供应目录）；

（三）推动医用耗材临床应用指导原则的制订与实施，监测、评估本机构医用耗材使用情况，提出干预和改进措施，指导临床合理使用医用耗材；

（四）分析、评估医用耗材使用的不良反应、医用耗材质量安全事件，并提供咨询与指导；

（五）监督、指导医用耗材的临床使用与规范化管理；

（六）负责对医用耗材的临床使用进行监测，对重点医用耗材进行监控；

（七）对医务人员进行有关医用耗材管理法律法规、规章制度和合理使用医用耗材知识教育培训，向患者宣传合理使用医用耗材知识；

（八）与医用耗材管理相关的其他重要事项。

**第十条** 医疗机构应当为医用耗材管理部门、医务管理部门配备和提供必要的场所、设备设施和人员。

**第十一条** 医疗机构应当建立健全医用耗材管理相应的工作制度、操作规程和工作记录，并组织实施。

## 第三章 遴选与采购

**第十二条** 医疗机构应当遴选建立本机构的医用耗材供应目录，并进行动态管理。

医用耗材管理部门按照合法、安全、有效、适宜、经济的原则，遴选出本机构需要的医用耗材及其生产、经营企业名单，报医用耗材管理委员会批准，形成供应目录。

供应目录应当定期调整，调整周期由医用耗材管理委员会规定。

纳入供应目录的医用耗材应当根据国家药监局印发的《医疗器械分类目录》明确管理级别，为Ⅰ级、Ⅱ级和Ⅲ级。

**第十三条** 医疗机构应当从已纳入国家或省市医用耗材集中采购目录中遴选本机构供应目录。确需从集中采购目录之外进行遴选的，应当按照有关规定执行。

**第十四条** 医疗机构应当加强供应目录涉及供应企业数量管理，统一限定纳入供应目录的相同或相似功能医用耗材供应企业数量。

**第十五条** 医用耗材的采购相关事务由医用耗材管理部门实行统一管理。其他科室或者部门不得从事医用耗材的采购活动，不得使用非医用耗材管理部门采购供应的医用耗材。

**第十六条** 医用耗材使用科室或部门应当根据实际需求向医用耗材管理部门提出采购申请。

**第十七条** 医用耗材管理部门应当根据医用耗材使用科室或部门提出的采购申请，按照相关法律、行政法规和国务院有关规定，采用适当的采购方式，确定需要采购的产品、供应商及采购数量、采购价格等，并签订书面采购协议。

**第十八条** 医用耗材采购工作应当在有关部门有效监督下进行，由至少 2 名工作人员实施。

**第十九条** 医疗机构应当加强临时性医用耗材采购管理。医用耗材使用科室或部门临时性采购供应目录之外的医用耗材，需经主任委员、副主任委员同意后方可实施。对一年内重复多次临时采购的医用耗材，应当按照程序及时纳入供应目录管理。对于实施集中招标采购的地方，需要按有关程序报上级主管部门同意后实施临时性采购。

**第二十条** 遇有重大急救任务、突发公共卫生事件等紧急情况，以及需要紧急救治但缺乏必要医用耗材时，医疗机构可以不受供应目录及临时采购的限制。

**第二十一条** 医疗机构应当加强医疗设备配套使用医用耗材的管理。医疗机构采购医疗设备时，应当充分考虑配套使用医用耗材的成本，并将其作为采购医疗设备的重要参考因素。

**第二十二条** 鼓励医联体内医疗机构或者非医联体内医疗机构联合进行医用耗材遴选和采购。

## 第四章 验收、储存

**第二十三条** 医用耗材管理部门负责医用耗材的验收、储存及发放工作。

**第二十四条** 医疗机构应当建立医用耗材验收制度，由验收人员验收合格后方可入库。

验收人员应当熟练掌握医用耗材验收有关要求，严格进行验收操作，并真实、完整、准确地进行验收记录。

验收人员应当重点对医用耗材是否符合遴选规定、质量情况、效期情况等进行查验，不符合遴选规定以及无质量合格证明、过期、失效或者淘汰的医用耗材不得验收入库。

**第二十五条** 使用后的医用耗材进货查验记录应当保存至使用终止后 2 年。未使用的医用耗材进货查验记录应当保存至规定使用期限结束后 2 年。植入性医用耗材进货查验记录应当永久保存。购入Ⅲ级医用耗材的原始资料应当妥善保存，确保信息可追溯。

第二十六条　医疗机构应当设置相对独立的医用耗材储存库房，配备相应的设备设施，制订相应管理制度，定期对库存医用耗材进行养护与质量检查，确保医用耗材安全有效储存。

对库存医用耗材的定期养护与质量检查情况应当作好记录。

第二十七条　医用耗材需冷链管理的，应当严格落实冷链管理要求，并确定专人负责验收、储存和发放工作，确保各环节温度可追溯。

第二十八条　医疗机构应当建立医用耗材定期盘点制度。由医用耗材管理部门指定专人，定期对库存医用耗材进行盘点，做到账物相符、账账相符。

## 第五章　申领、发放与临床使用

第二十九条　医用耗材使用科室或部门根据需要，向医用耗材管理部门提出领用申请。医用耗材管理部门按照规定进行审核和发放。

申领人应当对出库医用耗材有关信息进行复核，并与发放人共同确认。

第三十条　医疗机构应当建立医用耗材出库管理制度。医用耗材出库时，发放人员应当对出库的医用耗材进行核对，确保发放准确，产品合格、安全和有效。出库时，应当按照剩余效期由短至长顺序发放。

第三十一条　出库后的医用耗材管理由使用科室或部门负责。使用科室或部门应当指定人员负责医用耗材管理，保证领取的医用耗材品种品规和数量既满足工作需要，又不形成积压，确保医用耗材在科室或部门的安全和质量。

第三十二条　医用耗材临床应用管理是对医疗机构临床诊断、预防和治疗疾病使用医用耗材全过程实施的监督管理。医疗机构应当遵循安全、有效、经济的合理使用医用耗材的原则。

第三十三条　医务管理部门负责医用耗材临床使用管理工作，应当通过加强医疗管理，落实国家医疗管理制度、诊疗指南、技术操作规范，遵照医用耗材使用说明书、技术操作规程等，促进临床合理使用医用耗材。

第三十四条　医疗机构应当对医用耗材临床使用实施分级分类管理。

在诊疗活动中：Ⅰ级医用耗材，应当由卫生技术人员使用；Ⅱ级医用耗材，应当由有资格的卫生技术人员经过相关培训后使用，尚未取得资格的，应当在有资格的卫生技术人员指导下使用；Ⅲ级医用耗材，应当按照医疗技术管理有关规定，由具有有关技术操作资格的卫生技术人员使用。

植入类医用耗材，应当由具有有关医疗技术操作资格的卫生技术人员使用，并将拟使用的医用耗材情况纳入术前讨论，包括拟使用医用耗材的必要性、可行性和经济性等；非植入类医用耗材的使用，应当符合医疗技术管理等有关医疗管理规定。

第三十五条　医疗机构使用安全风险程度较高的医用耗材时，应当与患者进行充分沟通，告知可能存在的风险。使用Ⅲ级或植入类医用耗材时，应当签署知情同意书。

第三十六条　医疗机构应当加强对医用耗材使用人员培训，提高其医用耗材使用能力和水平。在新医用耗材临床使用前，应当对相关人员进行培训。

第三十七条　医疗机构应当加强对医用耗材临床应用前试用的管理。医用耗材在遴选和采购前如需试用，应当由使用科室或部门组织对试用的必要性、可行性以及安全保障措施进行论证，并向医务管理部门提出申请或备案。

第三十八条　医疗机构应当在医用耗材临床使用过程中严格落实医院感染管理有关规定。一次性使用的医用耗材不得重复使用；重复使用的医用耗材，应当严格按照要求清洗、消毒或者灭菌，并进行效果监测。

第三十九条　医疗机构应当建立医用耗材临床应用登记制度，使医用耗材信息、患者信息以及诊疗相关信息相互关联，保证使用的医用耗材向前可溯源、向后可追踪。

第四十条　医疗机构应当加强对使用后医用耗材的处置管理。医用耗材使用后属于医疗废物的，应当严格按照医疗废物管理有关规定处理。

第四十一条　医疗机构应当加强医疗质量控制，对医用耗材尤其是重点监控医用耗材的临床使用情况设立质控点，纳入医疗质量控制体系。

第四十二条　医疗机构应当结合单病种管理、临床路径管理、支付管理、绩效管理等工作，持续提高医用耗材合理使用水平，保证医疗质量和医疗安全。

## 第六章 监测与评价

**第四十三条** 医务管理部门负责本单位医用耗材监测与评价工作。

**第四十四条** 医疗机构应当建立医用耗材临床应用质量安全事件报告、不良反应监测、重点监控、超常预警和评价制度，对医用耗材临床使用安全性、有效性和经济性进行监测、监控、分析、评价，对医用耗材应用行为进行点评与干预。

**第四十五条** 医疗机构发生医用耗材相关质量安全事件，应当按照规定向卫生健康、药品监管行政部门报告相关信息，并采取措施做好暂停使用、配合召回、后续调查以及对患者的医疗救治等工作。

**第四十六条** 医疗机构通过监测发现医用耗材不良事件或者可疑不良事件，应当按照有关规定报告。

**第四十七条** 县级以上卫生健康行政部门、中医药主管部门以及医疗机构应当对临床应用技术要求较高、风险较大、价格较昂贵的医用耗材进行重点监控。

**第四十八条** 医疗机构应当建立医用耗材超常使用预警机制，对超出常规使用的医用耗材，要及时进行预警，通知相关部门和人员。

**第四十九条** 医疗机构应当对医用耗材的临床使用进行评价。根据相关法律法规、技术规范等，建立评价体系，对医用耗材临床使用的安全性、有效性、经济性等进行综合评价，发现存在的或潜在的问题，制定并实施干预和改进措施，促进医用耗材合理使用。

**第五十条** 医疗机构应当加强医用耗材临床使用评价结果的应用。评价结果应当作为医疗机构动态调整供应目录的依据，对存在不合理使用的品种可以采取停用、重新招标等干预措施；同时将评价结果作为科室和医务人员相应临床技术操作资格或权限调整、绩效考核、评优评先等的重要依据，纳入对公立医疗卫生机构的绩效考核。

**第五十一条** 医疗机构应当定期将质量安全事件报告、不良反应监测、重点监控、超常预警和评价结果进行内部公示，指导使用科室和部门采取措施，持续改进医用耗材临床使用水平。

## 第七章　信息化建设

**第五十二条**　医疗机构应当逐步建立医用耗材信息化管理制度和系统。

**第五十三条**　医疗机构耗材管理信息系统应当与医疗机构其他相关信息系统整合，做到信息互联互通。

**第五十四条**　医疗机构耗材管理信息系统应当覆盖医用耗材遴选、采购、验收、入库、储存、盘点、申领、出库、临床使用、质量安全事件报告、不良反应监测、重点监控、超常预警、点评等各环节，实现每一件医用耗材的全生命周期可溯源。

**第五十五条**　医用耗材管理部门应当在医用耗材验收入库时，将有关信息录入信息系统。信息内容至少包括医用耗材的级别、风险类别、注册证类别、医用耗材类别、用途、功能、材质、规格、型号、销售厂商、价格、生产批号、生产日期、消毒灭菌日期等。

## 第八章　监督管理

**第五十六条**　医疗机构医用耗材管理应当严格落实医疗卫生领域行风管理有关规定，做到廉洁购用。不得将医用耗材购用情况作为科室、人员经济分配的依据，不得在医用耗材购用工作中牟取不正当经济利益。

对违反行风规定的医疗机构和相关人员，卫生健康行政部门、中医药主管部门应当根据情节轻重，给予相应处罚和处理。

**第五十七条**　医疗机构应当落实院务公开有关规定，将主要医用耗材纳入主动公开范围，公开品牌品规、供应企业以及价格等有关信息。

**第五十八条**　医疗机构应当广泛开展行风评议活动，加大对医用耗材管理过程中存在的违反"九不准"规定等行为的查处力度，对问题严重的医疗机构依法追究相关领导责任。

**第五十九条**　医疗机构应当按照国家有关规定收取医用耗材使用相关费用，不得违规收取国家规定医用耗材收费项目之外的费用。

**第六十条**　医疗机构和相关人员不得接受与采购医用耗材挂钩的资助，不准违规私自使用未经正规采购程序采购的医用耗材。

**第六十一条**　医疗机构应当加强本单位信息系统中医用耗材相关统计

功能管理，严格统计权限和审批程序。严禁开展商业目的的医用耗材相关信息统计，或为医用耗材营销人员统计提供便利。

第六十二条　医疗机构应当加强对本机构医用耗材的管理工作，定期检查相关制度的落实情况。

第六十三条　县级以上卫生健康行政部门、中医药主管部门应当加强对医疗机构医用耗材管理工作的监督与管理，定期进行监督检查。

第六十四条　卫生健康行政部门、中医药主管部门的工作人员依法对医疗机构医用耗材管理工作进行监督检查时，应当出示证件。被检查的医疗机构应当予以配合，如实反映情况，提供必要的资料，不得拒绝、阻碍、隐瞒。

第六十五条　医疗机构出现下列情形之一的，根据其具体情形及造成后果由县级以上地方卫生健康行政部门、中医药主管部门及相关业务主管部门依法依规予以处理：

（一）违反医疗器械管理有关法律、法规、行政规章制度、诊疗指南和技术操作规范的；

（二）未建立医用耗材管理组织机构，医用耗材管理混乱，造成医疗安全隐患和严重不良后果的；

（三）医用耗材使用不合理、不规范问题严重，造成医疗安全隐患和严重不良后果的；

（四）非医用耗材管理部门擅自从事医用耗材采购、存储管理等工作的；

（五）将医用耗材购销、使用情况作为个人或者部门、科室经济分配依据，或在医用耗材购销、使用中牟取不正当利益的；

（六）违反本办法的其他规定并造成严重后果的。

## 第九章　附　　则

第六十六条　本规定自 2019 年 9 月 1 日起施行。

第六十七条　军队医疗机构耗材管理工作依照军队卫生主管部门规定执行。

第六十八条　医用耗材临床试验按照相关规定执行。

# 国家卫生健康委办公厅关于印发
# 第一批国家高值医用耗材重点治理清单的通知

(国卫办医函〔2020〕9号)

各省、自治区、直辖市及新疆生产建设兵团卫生健康委：

为加强高值医用耗材规范化管理，明确治理范围，根据国务院办公厅印发的《治理高值医用耗材改革方案》（国办发〔2019〕37号）要求，我委组织制定了《第一批国家高值医用耗材重点治理清单》（以下简称《清单》），现印发给你们。请各省级卫生健康行政部门在《清单》基础上，根据各地实际，适当增加品种，形成省级清单，并指导辖区内医疗机构制定医疗机构清单。地方各级卫生健康行政部门和各级各类医疗机构要严格落实《医疗机构医用耗材管理办法（试行）》有关要求，加强医用耗材管理，并按照治理高值医用耗材改革工作要求，做好相关工作。

附件：第一批国家高值医用耗材重点治理清单

国家卫生健康委办公厅

2020年1月8日

（信息公开形式：主动公开）

附件：

## 第一批国家高值医用耗材重点治理清单

| 序号 | 耗材名称 | 描述 | 品名举例 |
|---|---|---|---|
| 1 | 单/多部件金属骨固定器械及附件 | 由一个或多个金属部件及金属紧固装置组成。一般采用纯钛及钛合金、不锈钢、钴铬钼等材料制成 | 金属锁定接骨板、金属非锁定接骨板、金属锁定接骨螺钉等 |
| 2 | 导丝 | 引导导管或扩张器插入血管并定位的柔性器械 | 硬导丝、软头导丝、肾动脉导丝等 |
| 3 | 耳内假体 | 采用不锈钢、钛合金等金属材料和/或聚四氟乙烯等高分子材料制成 | 鼓室成形术假体、镫骨成形术假体、通风管 |
| 4 | 颌面部赝复及修复重建材料及制品 | 由硅橡胶或聚甲基丙烯酸甲酯等组成 | 硅橡胶颌面赝复材料、树脂颌面赝复材料 |
| 5 | 脊柱椎体间固定/置换系统 | 由多种骨板和连接螺钉等组成。一般采用纯钛、钛合金等材料制成 | 颈椎前路固定系统、胸腰椎前路固定系统、可吸收颈椎前路钉板系统 |
| 6 | 可吸收外科止血材料 | 由有止血功能的可降解吸收材料制成<br>无菌提供，一次性使用 | 胶原蛋白海绵、胶原海绵、可吸收止血明胶海绵 |
| 7 | 髋关节假体 | 由髋臼部件和股骨部件组成 | 髋关节假体系统、髋臼假体 |
| 8 | 颅骨矫形器械 | 由外壳、填充材料/垫和固定装置组成<br>一般采用高分子材料制成 | 婴儿颅骨矫形固定器、颅骨成形术材料形成模具 |
| 9 | 刨骨器 | 骨科手术配套工具。一般采用不锈钢材料制成。非无菌提供 | 刨骨器 |
| 10 | 球囊扩张导管 | 由导管管体、球囊、不透射线标记、接头等结构组成 | 冠状动脉球囊扩张导管、PTCA 导管、PTA 导管 |
| 11 | 托槽 | 采用金属、陶瓷或高分子材料制成。通常带有槽沟、结扎翼，部分带有牵引钩 | 正畸金属托槽、正畸树脂托槽、正畸陶瓷托槽 |

续表

| 序号 | 耗材名称 | 描述 | 品名举例 |
|---|---|---|---|
| 12 | 吻合器（带钉） | 由吻合器或缝合器和钉仓（带钉）组成 | 吻合器、切割吻合器、内窥镜吻合器 |
| 13 | 血管支架 | 由支架和/或输送系统组成。支架一般采用金属或高分子材料制成，维持或恢复血管管腔的完整性，保持血管管腔通畅 | 冠状动脉支架、外周动脉支架、肝内门体静脉支架 |
| 14 | 阴茎假体 | 由液囊、液泵阀与圆柱体组成 | 阴茎支撑体 |
| 15 | 植入式神经刺激器 | 由植入式脉冲发生器和附件组成 | 植入式脑深部神经刺激器、植入式脊髓神经刺激器、植入式骶神经刺激器 |
| 16 | 植入式心律转复除颤器 | 由植入式脉冲发生器和扭矩扳手组成。通过检测室性心动过速和颤动，并经由电极向心脏施加心律转复/除颤脉冲对其进行纠正 | 植入式心律转复除颤器、植入式再同步治疗心律转复除颤器、植入式皮下心律转复除颤器 |
| 17 | 植入式药物输注设备 | 由输注泵植入体、鞘内导管、附件组成 | 植入式药物泵 |
| 18 | 椎体成形导引系统 | 由引导丝定位、扩张套管、高精度钻、工作套管等组成 | 椎体成形导向系统、椎体成形导引系统、椎体成形术器械 |

# 国家医保局 国家发展改革委 工业和信息化部 财政部 国家卫生健康委 市场监管总局 国家药监局 中央军委后勤保障部 关于开展国家组织高值医用耗材集中带量采购和使用的指导意见

(医保发〔2021〕31号)

各省、自治区、直辖市人民政府，新疆生产建设兵团，军队各有关单位：

为贯彻落实《中共中央 国务院关于深化医疗保障制度改革的意见》，完善高值医用耗材价格形成机制，治理价格虚高问题，进一步明显降低患者医药负担，经国务院同意，现就开展国家组织高值医用耗材集中带量采购和使用工作提出以下指导意见。

## 一、总体要求

（一）指导思想。以习近平新时代中国特色社会主义思想为指导，全面贯彻党的十九大和十九届二中、三中、四中、五中全会精神，坚持以人民为中心，按照国家组织、联盟采购、平台操作的总体思路，由国家拟定基本政策和要求，组织各地区形成联盟，以公立医疗机构为执行主体，开展国家组织高值医用耗材集中带量采购，探索完善集采政策，逐步扩大覆盖范围，促进高值医用耗材价格回归合理水平，减轻患者负担，降低企业交易成本，净化流通环境，引导医疗机构规范使用，更好保障人民群众病有所医。

（二）基本原则。一是需求导向、确保质量。根据临床需求，遵循医疗技术发展规律，合理确定集中带量采购的高值医用耗材品种范围，确保质量和供应，满足人民群众基本医疗需求。二是招采合一、量价挂钩。明确采购量，以量换价、确保使用，畅通采购、使用、结算等环节，改革高值医用耗材采购和使用中的不合理因素，治理价格虚高问题。三是因材施策、公平竞争。考虑不同高值医用耗材临床使用特点、功能、技术、使用差异，以及生产供应能力等因素，形成具体采购方案，引导公平竞争。四是部门协同、上下联动。强化部门合作机制，加强对中选产品生产、供应、采购、使用的监督监测，完善激励约束机制，在国家和地方两个层面协同推进高值医用耗材集中带量采购工作。

二、覆盖范围

（三）品种范围。重点将部分临床用量较大、采购金额较高、临床使用较成熟、市场竞争较充分、同质化水平较高的高值医用耗材纳入采购范围，并根据市场销售情况、临床使用需求以及医疗技术进步等因素，确定入围标准。

（四）企业范围。已取得集中带量采购范围内产品合法资质的医疗器械注册人（备案人），在质量标准、生产能力、供应稳定性、企业信用等方面达到集中带量采购要求的，均可参加。境外医疗器械注册人（备案人）应当指定我国境内企业法人协助其履行相应的法律义务。

（五）医疗机构范围。所有公立医疗机构（含军队医疗机构，下同）均应按规定参加高值医用耗材集中带量采购，医保定点社会办医疗机构可按所在省（自治区、直辖市）的相关规定，自愿参加集中带量采购。

三、采购规则

（六）约定采购量。采购量基数根据医疗机构报送的需求量，结合上年度使用量、临床使用状况和医疗技术进步等因素进行核定。约定采购比例根据市场竞争格局和中选企业数量等合理确定。约定采购量根据采购量基数和约定采购比例确定，在采购文书中公开。鼓励公立医疗机构对实际需求量超出约定采购量以外的部分，优先采购中选产品，也可通过省级医药集中采购平台采购其他价格适宜的挂网品种。

（七）竞价和中选规则。将治疗目的、临床功效、产品质量类似的同类高值医用耗材采购量合并，统一竞价，公平竞争；鼓励合并分组，促进竞争。需要联合使用的多种高值医用耗材可整合成系统，视为一个品种进行采购。根据高值医用耗材临床使用特点、标准化程度、参与企业数量等因素，因材施策，可采取招标、竞争性谈判、询价等方式进行采购。企业自愿参加、自主报价，通过质量和价格竞争产生中选价格和中选企业。多家企业中选的，应合理控制不同企业之间的差价。按照量价挂钩原则，明确各中选企业的约定采购量，合理确定采购协议期。

**四、保障措施**

（八）确保质量。科学严谨制定高值医用耗材采购入围质量技术标准。加强对中选产品生产、流通、使用的全链条质量监管，完善中选产品质量问题的处置机制，督促企业落实主体责任。中选产品使用中发生不良事件和质量问题的，医疗机构应及时按程序报告。

（九）确保供应配送。中选企业应做好市场风险预判和防范，加强生产安排，按要求报告产能、库存和供应等情况，确保在采购周期内及时满足医疗机构中选产品采购需求。中选产品由中选企业自主委托配送企业配送或自行配送，伴随服务由中选企业自行提供或委托第三方提供，相关费用由中选企业承担。中选产品配送及其伴随服务提供能力应覆盖协议供应地区，配送方和伴随服务提供方应及时响应医疗机构采购和使用需求。出现无法及时供应的，除不可抗力因素外，中选企业应承担相应责任和由此产生的所有费用，否则将被视为失信违约行为。

（十）确保优先使用。医疗机构应优先采购集中采购中选产品，制定优先使用中选产品的院内诊疗路径，并按采购合同完成约定采购量。医务人员应在合理诊疗原则下，优先使用中选产品。对不按规定采购和使用中选产品的医疗机构，在公立医院绩效考核、医保总额指标制定、定点协议管理考核、医疗机构负责人目标责任考核中予以惩戒。

（十一）确保回款。在医保基金总额预算管理基础上开展结算，建立集中带量采购预付机制，医保基金按不低于年度约定采购金额30%的比例预付，并按照医疗机构采购进度，从医疗机构申请拨付的医疗费用中逐步冲抵预付金。医疗机构应按采购合同与企业及时结清货款，结清时间不得超过交货验收合格后次月底。推进医保基金与企业直接结算。

**五、政策衔接**

（十二）探索医保支付标准协同。对医保支付范围内的集中采购高值医用耗材，中选产品医保支付标准按照中选价格确定，非中选产品医保支付标准不高于类别相同、功能相近中选产品的最高中选价格。

（十三）完善医疗机构激励机制。在采购周期内，不因采购品种价格下降而相应降低医保总额指标。对因集中带量采购节约的医保资金，可在考核基础上,以一定方式激励医疗机构,具体办法参照国家组织药品集中采购结余留用相关规定。医疗机构应完善内部考核办法,将激励政策传导至医务人员,鼓励合理、优先使用中选产品。

**六、组织实施**

(十四)建立工作机制,加强部门协同。国家医保局、国家卫生健康委、国家药监局、工业和信息化部、市场监管总局等部门要加强沟通、协调联动、各司其职、形成合力,加强对地方的指导,不断总结经验,完善相关政策,持续推进高值医用耗材集中带量采购。医保部门作为牵头单位,要加强统筹协调和综合服务,贯彻落实高值医用耗材集中带量采购相关政策、监督实施中选结果,指导省级医药集中采购平台依法依规开展集中带量采购品种交易,加快推进医疗保障医用耗材统一编码使用,并与医疗器械唯一标识相衔接,做好医保基金预付和结算、医疗服务价格调整、定点医疗机构考核等工作,实行医药价格与招采信用评价制度,加大对违规企业的处置力度,并指导和推动各地自行开展高值医用耗材集中带量采购。卫生健康部门负责对医疗机构使用中选产品情况进行指导和监督,规范合理使用。药监部门要加快推进医疗器械唯一标识在高值医用耗材生产经营使用中的全链条应用,加强中选医疗器械产品质量监管,开展不良事件监测,督促企业落实质量安全主体责任。工业和信息化部门负责督促企业按照中选产品约定采购量落实生产供应责任,支持企业开展生产技术改造,提升中选产品供应保障能力。市场监管部门要严厉查处各类价格违法行为,坚决打击扰乱市场公平竞争的行为。发展改革、财政、军队后勤等部门要积极配合做好高值医用耗材集中带量采购相关工作。

(十五)精心组织实施,有序推进。各省(自治区、直辖市)和新疆生产建设兵团派代表组成联合采购办公室,并根据联合采购办公室安排,统计报送相关产品历史采购量和采购需求。联合采购办公室根据本意见有关要求,在广泛听取相关专家、部门、企业、行业组织意见基础上,制定并发布采购公告。联合采购办公室代表联盟地区开展集中带量采购的具体操作,发布中选结果,组织并督促执行集中带量采购结果。集中采购结果产生后,由各地区负责落实中选产品在本地区的挂网、签约、采购、使用、回款和支付。联合采购办公室下设专家组和监督组。专家组负责提供相关政策、临床使用、采购操作等技术咨询；监督组负责对集中采购工作进行监督，及时受理、处理相关检举和投诉。由天津市医药采购中心承担国家组织高值医用耗材联合采购办公室日常工作，并负责具体实施。

（十六）做好政策解读和宣传引导。各地区和有关部门要加强政策解读，强化对高值医用耗材集中带量采购工作成效的正面宣传，提高政策知晓度，合理引导社会预期。要加强舆情监测，及时主动回应社会关切，努力营造改革良好氛围。要面向医务人员深入开展政策解读和培训，充分发挥其在临床治疗中的重要作用，引导患者合理选用集中采购中选产品。

国家医保局　国家发展改革委　工业和信息化部　财政部
国家卫生健康委　市场监管总局　国家药监局　中央军委后勤保障部
2021年4月30日

附录 4

# 制度清单

1. 保障中小企业款项支付条例（国务院令第 728 号）
2. 医疗保障基金使用监督管理条例（国务院令第 735 号）
3. 行政事业性国有资产管理条例（国务院令第 738 号）
4. 医疗器械监督管理条例（国务院令第 739 号）
5. 国务院办公厅关于印发治理高值医用耗材改革方案的通知（国办发〔2019〕37 号）
6. 卫生部 国务院纠风办 国家发展改革委 监察部 工商总局 食品药品监管局关于印发《高值医用耗材集中采购工作规范（试行）》的通知（卫规财发〔2012〕86 号）
7. 国家卫生计生委关于印发预算管理单位国有资产使用管理办法的通知（国卫财务发〔2015〕85 号）
8. 国家卫生健康委 国家中医药局关于印发医疗机构医用耗材管理办法（试行）的通知（国卫医发〔2019〕43 号）
9. 国家卫生健康委办公厅关于印发第一批国家高值医用耗材重点治理清单的通知（国卫办医函〔2020〕9 号）
10. 国家卫生健康委 国家中医药管理局关于印发公立医院全面预算管理制度实施办法的通知（国卫财务发〔2020〕30 号）
11. 国家卫生健康委 国家中医药管理局关于印发公立医院内部控制管理办法的通知（国卫财务发〔2020〕31 号）
12. 财政部 工业和信息化部关于印发政府采购促进中小企业发展管理办法的通知（财库〔2020〕46 号）
13. 国家医保局 国家发展改革委 工业和信息化部 财政部 国家卫生健康委 市场监管总局 国家药监局 中央军委后勤保障部关于开展国家组织高

值医用耗材集中带量采购和使用的指导意见（医保发〔2021〕31号）

14. 国家卫生健康委关于印发进一步加强卫生健康行业内部审计工作若干意见的通知（国卫财务发〔2022〕9号）

15. 国家卫生健康委关于印发预算单位国有资产处置管理办法的通知（国卫财务函〔2022〕141号）

16. 中华人民共和国预算法（国务院令第729号）

17. 中共中央 国务院关于全面实施预算绩效管理的意见（中发〔2018〕34号）

18. 财政部关于印发《部门决算管理办法》的通知（财库〔2021〕36号）

19. 支付结算办法（银发〔1997〕393号）

20. 政府会计制度——行政事业单位会计科目和报表（财会〔2017〕25号）

21. 关于印发医院执行《政府会计制度——行政事业单位会计科目和报表》的补充规定和衔接规定（财会〔2018〕24号）

22. 最高人民法院 最高人民检察院 公安部印发《关于办理医保骗保刑事案件若干问题的指导意见》的通知（法发〔2024〕6号）

23. 中共中央 国务院关于深化医疗保障制度改革的意见（中发〔2020〕5号）

24. 国家医疗保障局办公室关于进一步做好医疗服务价格管理工作的通知（医保办发〔2022〕16号）

25. 国家医疗保障局关于做好基本医疗保险医用耗材支付管理有关工作的通知（医保发〔2023〕23号）

26. 财政部关于修改《事业单位国有资产管理暂行办法》的决定（财政部令第100号）

# 参考文献

[1] 龙翔凌,高万玲,于飞,苑东.大数据分析技术在公立医院内部审计的应用[J].会计之友,2023(01):89-94.

[2] 陆全萍.审计在医院医用耗材采购管理中的运用[J].投资与创业,2022,33(7):3.

[3] 许燕,李玉梅,徐滔,朱雪清,周君.智能耗材柜与医院资源规划系统互联互通助力高值医用耗材精细化管理[J].医学信息学杂志,2022,43(10):60-65.

[4] 毛晓文.医院科级医用耗材管理使用情况审计过程与启示[J].财经界,2021.

[5] 潘蕾,丁菡容,刘娜.加强公立医院医用耗材SPD系统监管的审计视角[J].中国审计,2021(24):2.

[6] 徐望,普鹰,赵岚,等.手术室高值医用耗材的智能柜信息化管理研究[J].康颐,2021(5):187-188.

[7] 温晨光.高值医用耗材带量采购制定约定采购量分配规则的实践与思考[J].中国医疗保险,2021(005):52-56.

[8] 钱琛.浅谈加强公立医院医用耗材二级库信息化管理的必要性及审计重点[J].金融文坛,2021(6):0194-0196.

[9] 邱小婷,陈思思.高值医用耗材管理新模式[J].医疗装备,2021,34(9):2.

[10] 姚赟.内部审计在医院医用耗材采购管理中的应用研究[J].中国管理信息化,2020,23(18):2.

[11] 李灿.医用高值耗材管理的内部审计[J].现代企业文化,2019(33):1.

[12] 张喻,朱胜男.基于信息化应用视角的医用耗材内部审计[J].

养生保健指南，2018（034）：223.

［13］夏培勇．基于医院新型供应链 SPD 管理模式的风险与监管［J］．中国医院，2018，22（01）：53-55.

［14］高桂波．浅析医用高值耗材管理的内部审计［J］．中国市场，2014（49）：2.

［15］黄锦红．基于 HIS 系统的门诊退费内部控制［J］．中国管理信息化，2014，17（13）：32.

［16］孟雪莲，侯常敏，蒋协远．公立医院高值医用耗材专项审计探讨［J］．中国医院，2024，28（02）：17-19. DOI：10.19660/j.issn.-0592.2024.2.05.

［17］秦利荣，刘军，孙志坚等．医用耗材供应链（SPD）管理专家共识［J］．中国医药导刊，2023，25（04）：343-354.

［18］陈友平．信息化助推医用耗材财务管理精细化［J］．市场周刊，2023，36（04）：125-128.

［19］曾轲，牟煜东，吴雪莉等．检测机构实验室耗材 SPD 管理模式研究［J］．计量与测试技术，2022，49（08）：92-95+102. DOI：10.15988/j.cnki.1004-6941.2022.8.028.

［20］陆卫凤．SPD 供应链下医院耗材物资管理的实践和思考［J］．中国总会计师，2021，（06）：126-128.

［21］郑迪楠．从高值医用耗材管理谈如何加强财务内部控制［J］．当代会计，2020，（17）：54-55.

［22］杨晓红．浅议县级医院高值耗材财务管理［J］．纳税，2018，12（22）：108.

［23］姜艳平．医用高值耗材财务管理的现状及对策［J］．中国内部审计，2009，（10）：81.

［24］陈萍，杨柳，许枫林．浅谈公立医院门诊退费内部控制路径［J］．现代医院管理，2024，22（01）：102-104.

［25］郑冰琳．加强公立医院门诊退费管理的实践探索［J］．商讯，2023，（21）：180 183.

［26］陈雅婷．基于内部控制的门诊退费产生原因及应对措施［J］．

投资与合作，2023，(05)：184-186.

[27] 张莹. 以患者为中心的医院门诊退费流程智能化重塑实践——以某口腔专科医院为例 [J]. 中国总会计师，2022，(05)：159-161.

[28] 陈健，莫宗江. 医院门诊退费原因调查分析及对策探讨 [J]. 江苏卫生事业管理，2022，33 (03)：373-375.

[29] 刘品红. 探讨医院退费管理存在的问题及对策研究 [J]. 中国乡镇企业会计，2021，(11)：94-95.

[30] 成凡平，李梅，吕泳容等. 口腔医院门诊退费分析与精细化管理 [J]. 现代医院，2020，20 (11)：1622-1624.

[31] 卞宁，邓挺. 基于数据平台的医院退费管理实践探索 [J]. 会计师，2020，(19)：73-74.

[32] 吴兰. 医院退费审计的思考 [J]. 中国管理信息化，2020，23 (10)：69-70.

[33] 李秋镝，苏新，陈雪梅. 浅谈公立医院门诊退费管理 [J]. 广西质量监督导报，2019，(04)：42-43.

[34] 于筠，王世玮，袁德万. 医院退费审计的做法 [J]. 中国内部审计，2013，(05)：77-78.

[35] 林凤兰. 浅议零差率下医院医用耗材管理 [J]. 行政事业资产与财务，2020，(17)：83-84.

[36] 潘敏高. 浅谈SQL数据分析在医疗收费检查中的运用 [J]. 中国价格监管与反垄断，2023，(12)：16-19.